わたしのウエストサイド物語

ジョージ・チャキリス
George Chakiris
戸田奈津子 訳

MY WEST SIDE STORY
A MEMOIR

双葉社

MY WEST SIDE STORY: A Memoir
by George Chakiris with Lindsay Harrison

Japanese translation rights arranged with Jennifer De Chiara Literary Agency c/o Books Crossing Borders,Inc., New York, through Tuttle-Mori Agency, Inc., Tokyo

わたしのウエストサイド物語

わたしのウエストサイド物語 ＊ 目次

プロローグ

わたしの名はジョージ・チャキリス。あるいはこの本の目的を考えて、不滅の名画『ウエストサイド物語』のベルナルドと言うべきかもしれません。

過去数十年にわたって、わたしは友人や仕事仲間からどうやって〝時を越えて最も愛されるミュージカル映画〟であり、〝映画史上、最高のエンタテインメント〟とされる作品と関わることになったのか、それを本にしたらと促されてきました。舞台の『ウエストサイド物語』は1957年9月26日にブロードウェイで初日を迎え、732回というロングラン公演の幕が切って落とされました。映画が封切られたのは1961年10月18日。たちまち世界中で大ヒットを記録し、1962年のアカデミー賞授賞式では作品賞に輝き、わたしにも最優秀助演男優賞が与えられました。

当然のことながら、わたし自身について、またこの映画撮影にまつわるすばらしい経験について、語るべき話は多々あります。しかし人生でのいろいろな出来事、またわたしが人一倍、引っ込み思案な人間であること、さらに、そういう話に興味を持ってくださるかたが、いまだにおられるか確信が持てず、〝まあ、いつか時がきたら〟と、つい後回しにしてしまうことの1つになってしまったのです。

『ウエストサイド物語』への関心が、これだけの歳月を経て薄れてしまったのではないかという危惧は無用でした。2011年度には、封切り50周年を記念したDVDが「ベスト・クラシックDVD」として名誉あるサテライト賞を受賞しました。この年、リタ・モレノ、ラス・タンブリン、そしてわたしの3人は、ハリウッドの有名なグローマンズ・チャイニーズ・シアター前の神聖な歩道に、足型とサインを刻みました。わたしたちの隣はナタリー・ウッドの足型です。そして今日この日まで、わたしは世界各地で開かれる『ウエストサイド物語』を記念する催し物に招かれ、数え切れないほどのインタビューを受けつづけています。

そしてさらに、この作品の復活を告げるニュースがとどきました。2019年12月10日にブロードウェイで『ウエストサイド物語』のプレビュー公演が始まり、2020年2月6日に本格的にオープン。そして他ならぬスティーブン・スピルバーグ監督が『ウエストサイド物語』のリメイク版を制作。＊2020年12月28日に封切られることになったのです。映画界で最も高名な監督の1人であり、自らが望むがままの映画をつくれるスピルバーグ監督が、新しい企画として「人々に最も愛されたミュージカル」を選んだのは、決して驚くことではありません。しかしその一方、失礼を意図してではありませんが、『ウエストサイド物語：スティーブン・スピルバーグ作品』に押しかける観客が、その作品の基盤となった重層、かつ見事なテンプレートがあったことをご存じなのか。また、その価値を十分に理解しておられるかどうか。わたしはそこに、いささか不安を覚えているのです。

好奇心から、わたしは映画『ウエストサイド物語』がどのようにして生まれ、企画がどのように展開し、一時期、制作が放棄される危機もあったことなどを記した本がないか、ネット上を探し回りました。しかし、そのような本は見つかりませんでした。

ここに至って、わたしは心を決めました。「いつか時がきたら」と避けていた、その時がきたのです。

「わたしのウエストサイド物語」は言うなれば、舞台と映画の両方で金字塔となった、この作品の全貌を振り返るものになるでしょう。すべての発端はマンハッタンのジェローム・ロビンスのアパートに、彼とアーサー・ローレンツ、そしてレナード・バーンスタインが顔を合わせたときに始まります。合わせて10個のオスカー、3つのゴールデングローブ賞、2つのトニー賞、そして1つのグラミー賞を手にしている3人です。

「わたしのウエストサイド物語」というタイトルが示すように、この本は一個人の回顧録です。

『ウエストサイド物語』はわたしの人生をあらゆる面で変えましたが、かといって、それによって、わたしの人生が始まったわけではなく、また終わったわけでもありません。ハリウッドのコーラスダンサーとして、ローズマリー・クルーニー、ジーン・ケリー、ガワー・チャンピオン、シド・チャリシー、デビー・レイノルズ、そしてマリリン・モンローなどのビッグスターと仕事をした若き日々。そして『ウエストサイド物語』のロンドン公演で役をもらい、また映画化に際しても出演し、さらに舞台、映画、テレビという豊潤な世界でユル・ブリンナー、ジュディ・ガーランド、ライザ・ミネリ、マレーネ・ディートリヒ、そして競うもののないエレイン・ストリッチに出会い、これ以上望みようもないほど、すばらしい、数多くの友人たちに恵まれてきました。少年時代の夢をはるかに凌駕したわたしの人生。その人生を語らずに終わることは、感謝を知らない人間がすることでしょう。

＊新型コロナウィルスの影響で公開は延期された。

第一章

少年時代・夢への扉

エラリー・セッジウィッグという編集者がこう言いました。「自伝はすべて第2章から書き始めるべきだ」と。それを読み、つい笑ってしまいました。わたしもそう思うからです。自伝の書き手は往々にして幼年期のことを事細かに書きつづり、話が思春期に到達するまえに読むほうがうんざりしてしまうのです。どんな人生にも、どんな面白い話にも、それに深みと脈絡と味わいを与える〝背景〟があります。この本の読者は、幼稚園の入園式にわたしがどんな服を着たかなどということに興味はないでしょう。そういうことは語らずに、みなさまに満足していただける本にすることをお約束します。

わたしの両親、スティーブンとゾエ・チャキリスはまれに見る夫婦でした。この世で最もロマンチックではない求愛期間――もっとハッキリ言えば求愛期間ゼロ――で結婚し、にもかかわらず強

わたしの美しい父親
(中央)。14歳。

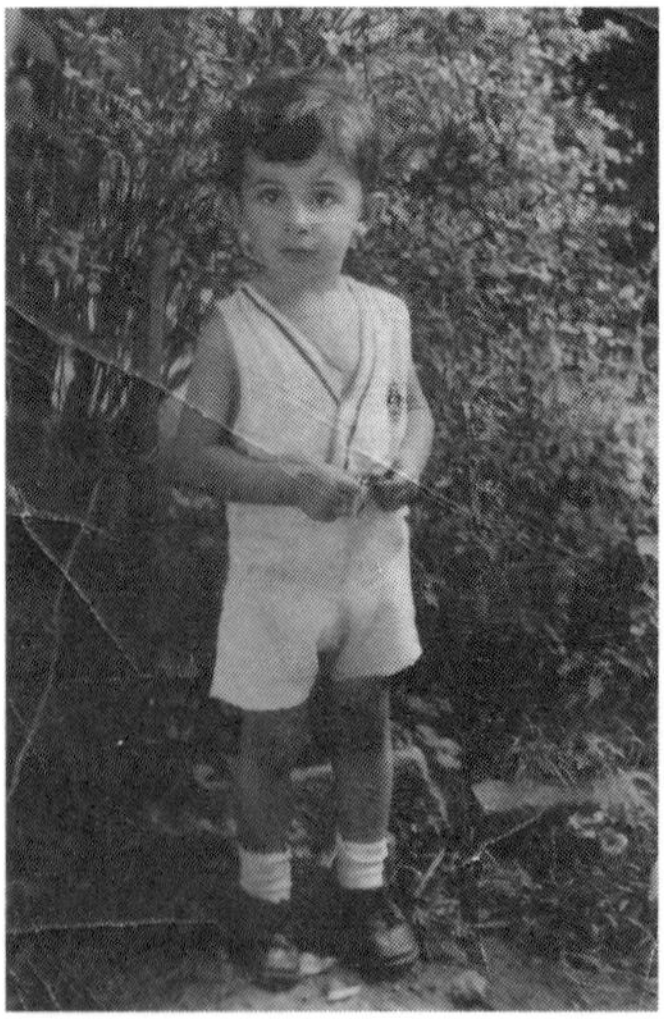

3歳のわたし。1935年。

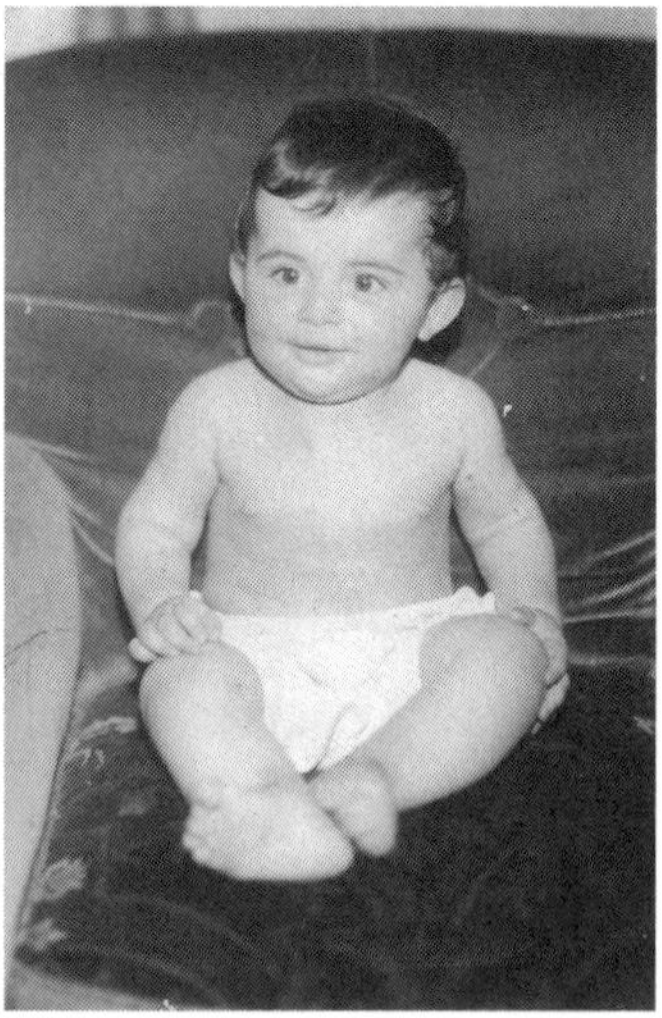

生後8か月のわたし。1932年。

い愛情で結ばれ、契りを貫きとおす夫婦関係と家庭を築いたのです。

父方の祖父母は小アジアのギリシャ人村から子供たちをつれてアメリカに移住してきました。父の兄アンディ伯父が14歳。父が12歳の時です。

8年後、2人の息子が結婚適齢期を迎えたとき、祖父は、責任感を持ち、誇りを持つギリシャ人の家長なら、だれもがするであろうことをしました。小アジアのギリシャ人村に戻って、美しく、嫁にふさわしい娘を2人見つけて戻り、無造作に父とアンディ伯父にこう言いわたしたのです。「こっちはおまえに。こっちはおまえに」と。

信じられませんが、それでうまくいったのです。何の抵抗もなく、何の躊躇もなく、何の質問も出ずに、生涯を共にした2組の夫婦が誕生しました。このことで母が言った言葉で、わたしが覚えているのはただ1つ。「わたしの相手のほうがハンサムで嬉しかったわ」というひと言です。

母はそのうえ、わたしが知る限りこの世で一番優しく、思いやりが深く、責任感に満ちた夫を得たのです。父は夢見がちで、また現実主義者でもあるという、得がたい両面の魅力を持った人物で、美しい歌声とアーティストの魂を持ちつつ、また頭のさがる働き者でもありました。わたしの家族のことを本にした父の妹——わたしの叔母のソフィア——によれば、若き日の父の夢は俳優になることだったそうです。わたしには驚きでした。小アジアのギリシャ人村で育った父に、いったい何がそんな夢を抱かせたのでしょうか。父に冒険を好む血が流れていたことはたしかです。一家がフロリダに住んでいたとき、父はときどき汽車で旅をしていたそうです。家から逃げるためではなく、いろいろなものを見たいがために。15歳ぐらいの父が数人の友達とカウボーイの扮装をして撮った写真が手元にあります。ユーモアのセンスが豊かで、周囲を誘いこむ笑い声を持ち、世界でだれよりもポーカーフェイスが下手な父でした。わたしと兄は父とよくピナクルゲームをしたのですが、父がどんなカードを配られたか、表情が顔に表れないことは一度たりともありませんでした。

母は生まれながらに、人としての道徳と倫理観を持つ、たぐいまれな女性でした。トラックドライバーがたむろする道路脇の食堂でも、あるいはバッキンガム宮殿でも、母は難なくその場に溶けこんだでしょう。わたしたちがどこに行こうと、母を目にするとだれもが「あなたを待っていた」というようにパッと顔を明るくするのです。それほど、どこに行っても人に好かれる女性でした。裁縫の腕はプロ並み。わたしたち子供に対しては聖女のような忍耐力を持っていました。それを持ちつづけることは決してやさしいことではなかったはずですが…　母は45歳の時に末娘のアテナを産みました。アテナはいまもわたしのベスト・フレンドで、また信頼を置ける者の1人です。当時、ティーンエージャーだった姉たちは、お腹の大きな母親を持って、それがどんなに恥ずかしかったかを、機会あるごとにアテナに話し聞かせていました。

この世界最高と言える両親は子供たちを養うために全力を尽し、7人の子供を育てあげました。その7人は一瞬たりとも、自分たちが愛され、つねに安全で、見守られていることを疑ったことはありません。何と恵まれた子供たちでしょう。

わたしは生まれてから3年間をオハイオ州ノーウッドで祖父が経営していたキャンディ・ストアとビヤ・ガーデンの建物の上階で過ごしました。記憶に残っているのは桜の木のある中庭…錬鉄製のテーブルとイス… 凍りつき、雪で覆われた寒い、寒い冬… 土手を越えて氾濫するオハイオ川… そして家がキャンディ・ストアですから、好きなだけキャンディをくすねても、叱られたことは一度もなかったということです。

両親はキャンディ・ストアで働き、週給の小切手は祖父に戻し、たとえば映画に行くお金とか、その他、必要なお金は、祖父があらためて両親に渡すというシステムをとっていました。この〝旧世代的な〟とりきめは、両親が了解した時点では当たり前だったのでしょう。父はもちろん父親に従順でしたが、母は最初から間違ったやり方だと考えていました。

そしてわたしが3歳の時、父はついに妻子を連れて暖かい南に引っ越し、独立したほうが家族の幸せであり、健康にもよいと決意したのです。わたしたちはまずアリゾナに越し、その後、フ

兄のハリーと。
1939年。

後列：わたし、姉のキャサリン、
ヴァージニア、ヴィオラ；兄のハリー。
前列：母、弟のスティーブ、父。
1939年。

ロリダに移りました。わたしが6歳の時、一家は再びアリゾナに戻ることになり、母と父、5人の子供、そして家財道具一切を積んだ車は、アリゾナ州ツーソンの郊外にあるささやかな家を目指しました。この町で両親は洗濯店に働き口を見つけ、母は裁縫を、父は洗濯物を運ぶトラックを運転し、わたしは学校通いを始めたのです。

幼いころの記憶は、ほとんどが霞んだもやのようになっているのに、いくつか小さな部分が、いま起こったことのように鮮明に記憶されている。それって面白い現象だと思いませんか？

わたしのそういう記憶は、姉キャサリンと1つのベッドに寝ていたこと。

極寒のアリゾナの冬、うちで使っているヒーターの灯油を買うために、長い道をてくてく歩いたこと。

姉キャサリンとわたしは生まれ落ちた時から踊ることが大好きで、夜になるとリビングルームで一緒に踊り、窓に映る姿に見入っていたこと。

兄ハリーとはツーソンの繁華街で新聞を売っていたこと。ハリーはわたしより18か月年上でしたが、とてもよい兄で、たまにケンカすることがあっても、いつもわたしを勝たせてくれました。

私が9歳になったある日曜日のことも記憶にあります。1941年の12月7日、「悪名高い日付」とされている日です。日本が真珠湾を攻撃した日で、大人たちの動揺は大変なものでした。わたしは何が起こったのかはっきりは理解できず、わかったのは、わたしたちの国に何か恐ろしいことが起こったのだということだけでした。わたしたちは自分たちの国を愛し、誇りに思っていました。わたしたちはアメリカ人だ。この世界でアメリカ人でいることは、すばらしいことなのだ、と思っていました。そこに敵が現れたのです。共和党とか、民主党とか、議会で通路を隔てたところにいる敵ではなく、海の向こうの遠いところにいる敵。枢軸国と呼ばれるドイツ、イタリア、日本がわたしたちを支配しようとしているのだと。でも、安心していてよい。戦争になっても、わたしたちには国を導いてくれる偉大な人物がいる。恐れを知らず、国民の尊敬を集め、あまねく愛されているルーズベルト大統領という方がいると。彼が亡くなった日、母は涙を流しました。

でも、何よりもわたしが覚えているのは映画です。

小さな子供のころから、映画はわたしを魅了してきました。〝逃避〟ではありません。幸せな暮らしに恵まれていたのですから、逃避の必要はありません。そうではなく映画はわたしが身を置くべき場所でした。美しいテクニカラーが彩るファンタジーの世界に、2時間ほどひたりきる。ゴージャスな登場人物、ストーリー、そしてつねに音楽が流れている世界。兵隊や銃、血や暴力が出てくる映画には興味が持てず、美しく優雅で、ハッピーエンドと音楽の流れる映画は、映画館を出てからも、ずっと頭を離れませんでした。

映画館には毎週土曜、必ず足を運んでいました。それだけでなく、告白すると、しばしば学校に向かう道を逸れて繁華街に向かい、映画館の暗がりに身を沈めていました。そこは学校の教室よりも、はるかに魅力あふれる場所だったのです。ミュージカルの歌を覚えるのも得意で、家に帰る途中もそれを口ずさみ、自分のソプラノは、ラジオでいつも聴いていたヘレン・フォレスト並みだと自分に言い聞かせていました。わたしの家族、友人はみなすばらしい人たちでしたが、それを越えて、独りきりになってベティ・グレイブル、タイロン・パワー、カルメン・ミランダなどというステキな人たちと、どこか夢のような場所で、心躍る時を追体験で過ごす時間は格別でした。実際、真珠湾攻撃というあの歴史的な日も、わたしは映画館に向かう道を足早に歩いていたのです。すると「号外」を山ほど積んだトラックが脇に止まり、2人の若者がバイト代を払うから号外を売るのを手伝ってくれないかと持ちかけてきました。とんでもない！　わたしはカルメン・ミランダのミュージカルを観にいくところだったのです。

こうしてわたしは、映画の世界で生きることを夢見るようになりました。富とか名声などというものは露ほども頭にはなく、人生にどんなつらいことがあろうとも、そのすべてを変え、わたしの全身を包み込んでくれる、あの魔法の世界の一部になりたいという夢でした。映画はわたしを楽しませ、口ずさむ歌を教えてくれ、少しの間ではありますが、わたしを別世界に運び、またその世界を振り返り、好きなときに再訪できる歓びを与えてくれました。その同じ歓びを、ほかの人たちにも体験させてあげたいと思ったのです。

ただどうすればアリゾナ州の質素なわが家から、その世界に行き着けるのか。わたしには、まったく想像もつかないことでした。

10歳になったころでしょうか。わたしはエドワルド・カーソという人を知りました。英国ラジオ界のタレントでしたが、肺を患い、英国からツーソンのサナトリウムに療養に来ていたのです。そして健康回復に役立った日光と土地の人への感謝から、ツーソンに留まり、教師と歌手の才能を生かして、街に〝恩返し〟をする決意をしたのです。結果的にその〝恩返し〟はツーソン・アリゾナ少年合唱団を発足させ、自ら合唱団の指揮者になるという形をとりました。内気なわたしではありましたが、ヘレン・フォレスト張りのソプラノ・ボイスは健在だったので合唱団に応募し、受け入れられました。合唱団は〝リーバイス・ジーンズの大使たち〟と呼ばれるようになり、わたしは突如、二十数人の大使たちと舞台に立ち、尊敬の尽きない、才能豊かで頼りになる、そのすばらしい方のために歌を歌うことになったのです。

合唱団はアリゾナとアメリカ南西部でちょっと名の知れた存在となり、わたしを少年時代の特筆すべき経験に導きました。ツーソン・アリゾナ少年合唱団がイースターの早朝礼拝に招かれ、歌うことになったのです。グランド・キャニオンで午前5時から。世の中が目覚めるまえの時間です。内向的で、年端のゆかぬ少年が、このように胸の躍る、信じられない催しに参加したのです。わたしに謙虚になることを教え、同時に心を限りなく高揚させる体験でした。

わたしが12歳になり、歌のキャリアがまさに花開こうとしていたとき、父がこう宣言しました。自分がつねに住みたいと思っていた、南カリフォルニアのロングビーチに越すことにしたと。少年合唱団を辞めるなんてことができるでしょうか。夢が潰《つい》える…　何という悲劇…。

しかし、わたしの英雄、ミスター・カーソが助けの手を差しのべてくれました。ロングビーチの有名な合唱団、「聖ルカ聖歌隊」のオーディションを受けなさいと勧めてくれたのです。「君なら絶対に受かる。入ってよかったと思う聖歌隊だよ」と。家族が新居に落ち着くと、わたしはまっすぐ聖ルカ監督教会に向かい、聖歌隊の創始者で、また指導者でもある有名な指揮者、ウイリアム・リプリー・ドールのオーディションを受けました。そしてミスター・カーソが言われたように合格。忘れられない時を過ごすことになったのです。

それから毎木曜日は練習。日曜は聖ルカ監督教会で賛美歌を歌うことになりました。聖歌隊の

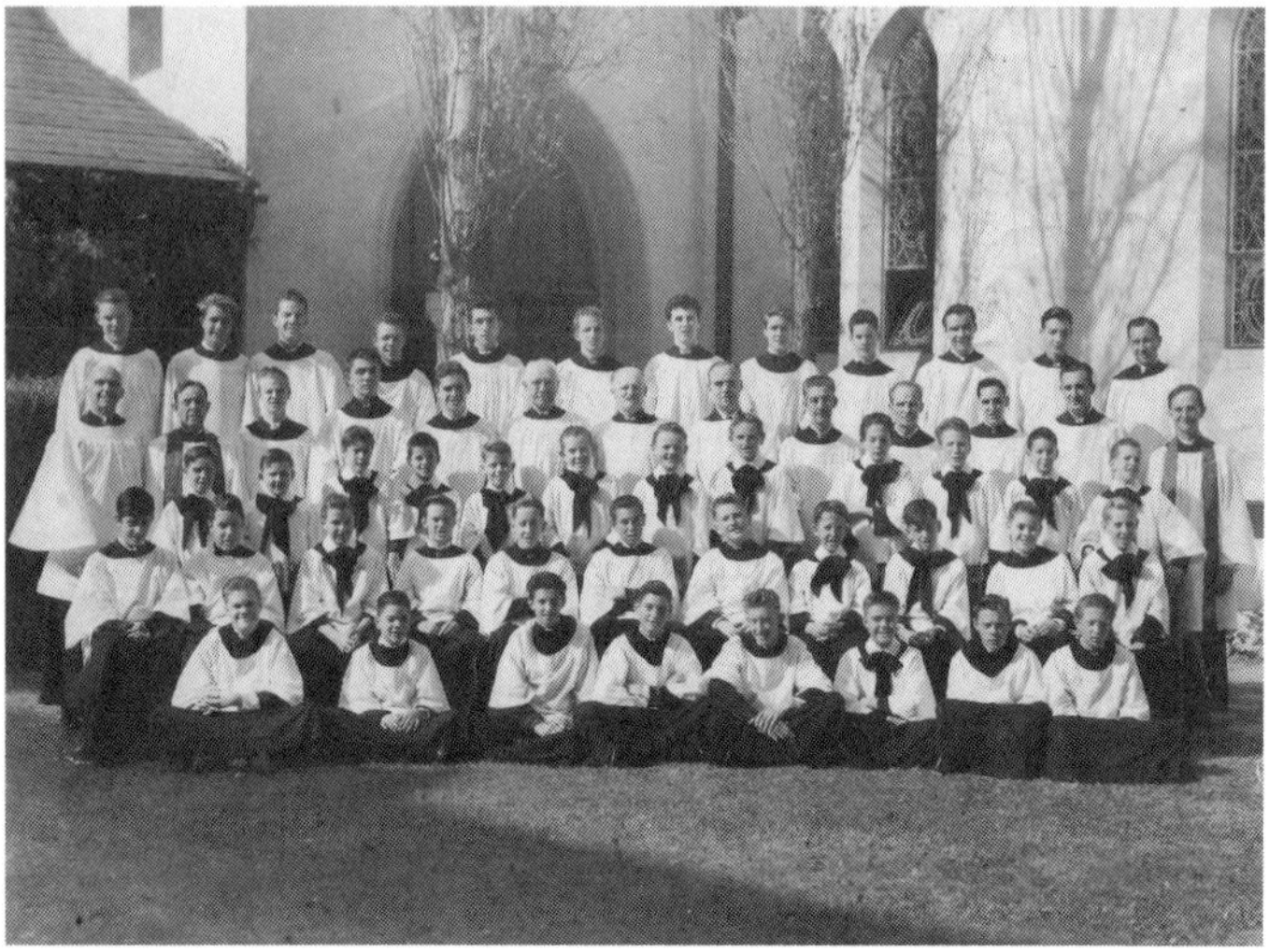

聖ルカ聖歌隊。ロングビーチ。1947 年。わたしは2列目の左端。

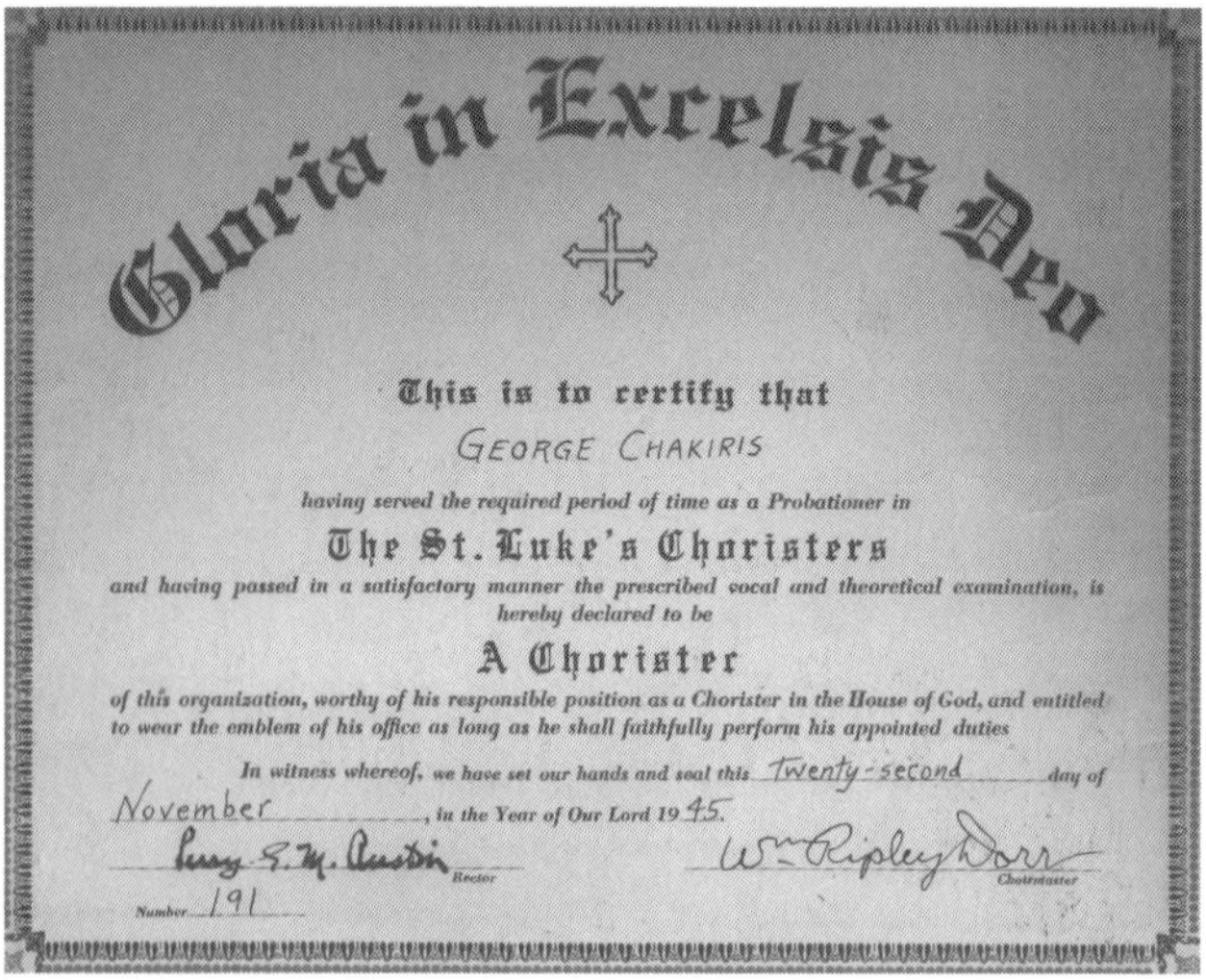

Gloria in Excelsis Deo

This is to certify that

GEORGE CHAKIRIS

having served the required period of time as a Probationer in

The St. Luke's Choristers

and having passed in a satisfactory manner the prescribed vocal and theoretical examination, is hereby declared to be

A Chorister

of this organization, worthy of his responsible position as a Chorister in the House of God, and entitled to wear the emblem of his office as long as he shall faithfully perform his appointed duties

In witness whereof, we have set our hands and seal this Twenty-second day of November, in the Year of Our Lord 1945.

Percy G. M. Austin Rector

Wm. Ripley Dorr Choirmaster

Number 191

聖ルカ聖歌隊のメンバー証

少年たちはみないい仲間でした。その1人などは、わたしが近所の家でピアノを弾かせてもらえると言うと、ベートーベンの「月光ソナタ」第1楽章を教えてくれたほどです。ソナタを弾けるようになったわたしは、偉業を成し遂げた気になり、すっかり舞い上がってしまいました。

ひとつだけ、告白します。聖歌隊に入ったとき、彼らが過去に数多くの映画に出たことを耳にしていました！ ですから最初から、そういう機会がまた訪れるのだろうか、本当に実現するのだろうかと、内心、期待に胸をふくらませていたのです。

長く待つ必要はありませんでした。

聖歌隊に入ってすぐ、聖ルカ聖歌隊が映画に出て歌うことになったのです。『愛の調べ』という、音楽に生きたクララとロベルト・シューマン夫妻の話で、主演はキャサリン・ヘップバーンとポール・ヘンリード、そしてロバート・ウォーカーの3人。その映画のコンサート場面に出演するのです。

信じられませんでした！ あのキャサリン・ヘップバーンとポール・ヘンリード、それにロバート・ウォーカー!? 千本の映画で観て、憧れていたあの3人!? それだけで息が詰まりそうだったのに、仕事の場は――信じられないことに――MGM撮影所だというのです！ わたしが勝手に自分の〝約束の地〟としていた少年時代のドリームランドです！ それからは何週間も足が地につきませんでした。

MGMは思ったとおりのところでした。警備員が入り口のゲートで手を振って、わたしたち一行を通してくれただけで、わたしはそれと認められた映画人になった気がしました。

ゲートの先は映画セットが並ぶ広場。どこの角を曲がってもアッと驚く世界が、コラージュのようにつづいているのです。西部の町。湖に浮かんでいる本物の海賊船。ニューヨークの町並み。馬が草を食《は》む牧場を見下ろす、住み心地のよさそうな郊外の住宅地…。その間を交叉する道路を、大きな照明や音響の機材、ありとあらゆる衣裳を掛けたラックを運ぶスタッフが忙しく行き来していました。わたしたちが仕事をするサウンドステージはその喧騒のなかにありました。スタジオに通いだして何日目だったか、フランク・シナトラがまったく普通の人のように、仕事場に歩いてゆくのを見かけたこともあります。

スリルの尽きない、シュールな場所でした。

合唱団員はみな未成年でしたから、撮影所に通う2週間、毎日、撮影所内の学校で3時間の授業を受けねばなりません。数学や地理の勉強をするの？　なぜ？　ここで？　この瞬間にも、有名スターがドアの向こうを通っているかもしれないのに？　それ、本気？

ＭＧＭ教室でただひとつ忘れられないのは、そこで何度か見かけた、たとえようもなく美しい少女でした。わたしも仲間も彼女に目が釘付けでした。聞いたところでは彼女は15歳で『シンシア』という映画を撮り終えたところでした。彼女がスクリーンで初めてキスをしたという作品です。

わたしたちは全員、マリオ・ランツァという新進テノール歌手が、新作につける歌を録音する場に招かれたのですが、そのとき、わたしのすぐ横に立っていたのが、その彼女でした。わたしには〝ハロー〟を言う勇気さえありませんでした。撮影所の子供たちのために、ＭＧＭ学校でハロウィーン・パーティが開かれたときは、合唱団の仲間の1人が大胆にも彼女にダンスを申し込みました。彼女は礼儀正しく「いいわ」と答え、わたしは脇に立ったまま彼女に見とれ、大胆な友達になり代わりたいと思うばかりでした。

それはエリザベス・テイラーにダンスを申し込む唯一のチャンスだったのに、それを思いつきもしないほど、わたしはシャイだったのです。

『愛の調べ』での、わたしたちの出演シーンの撮影は広いサウンドステージで行われました。だれかがそのステージドアを出入りするたびに、「君は見込みがある」と言ってくれるのでは、と念じていました。12歳の少年です。そういう奇跡を信じていたのです。

放課後。ロングビーチ。1947 年。

15 歳。ロングビーチで。1947 年。

ロングビーチで、生後8か月の妹、
アテナと。1947 年。

ポートレート。15 歳。1947 年。

奇跡は起こりませんでした。だれからも声をかけられることなく、仕事は終わりました。でも、そのすばらしい2週間のおかげで、ある収穫がありました。自分はあの魔法の世界で生きたい、そこが自分の目指すべきところ、という確信を得たのです。手のとどかない空しい夢ではなく、現実的なものになったのです。でも、そのために何をすればよいのか…ということは、あいかわらず見当もつきませんでした。

兄や姉と同様、ジェファーソン中学卒業後はロングビーチのウッドロウ・ウィルソン高校に進みました。授業をさぼって映画―映画なら何でも―を観にいくのは不動の習慣となり、とくにフレッド・アステアとジンジャー・ロジャースの映画は見逃しませんでした。この2人のスターが組んで踊るダンスは完ぺき。一体となり、絹のように軽く宙を舞い、重力を感じさせず、まさに動く芸術でした。『ブロードウェイのバークレー夫妻』が来ると知ったときは、スーパーボウルを待ちわびるファンの気持ちでした。この映画を観たい、それも初日の最初の回で。でなければ死ぬほうがマシ、と思いました。それを実行してよかった。というのも、帰宅する途中のバスで気分が悪くなり、おたふく風邪にかかっていたことがわかったのです。もしこの映画を見損なっていたら、とてつもない喪失感に打ちのめされていたでしょう。

新しいミュージカル映画を観ようとロングビーチ行きのバスに何度乗ったか。その数は数えき

美しい母と。

れません。映画を見終わってから何よりも楽しんだのは、家への帰途、海岸べりを1人で歩きながら、その映画を全身で吸収し、それに溶けこみ、日々の現実が割り込んでくるまで、その映画の一部になることでした。

いま振り返ると当然なのですが、ウッドロウ・ウィルソン高校で最初にわたしの目を惹いたのは、ジョーン・スキャンロンという女生徒でした。エキゾチックで、ロマンチックな雰囲気を持つ女の子で、何よりも才能豊かなダンサーでした。彼女にはダンス・パートナーがいて、2人は高校のイベントや集会でしばしばダンスを披露し、わたしの目から見れば〝セレブ〟と思える存在でした。事実、彼女はロングビーチで評判の高いオードリー・シェア・ダンススクールでダンスを習っていたのです。

驚いたことに、彼女もわたしのことを知っていたようです。ダンスのパートナーが沿岸警備隊に入隊するために去ると、彼の代わりになってと、仰天するようなオファーを持ちかけてきたのです。わたしたちは、オードリー・シェアが2人のために考えてくれたいくつかの振り付けを懸命に練習し、高校の集まりでそれを発表することになりました。わたしは緊張でコチコチでしたが、それにもかかわらず、すべてとどこおりなく運びました。人々に注目されることが苦手なわたしですが（今でもそうですが）、観客の前で踊ることに喜びを感じたことは、自分でも意外な驚きでした。踊っているわずか数分間、自分がちょっとした魔法の力を放っているように思え、その感覚に魅了されたのです。何かすばらしいことを成し遂げたという思い。これこそが幸せ、これこそが本当の自分なのだと思えました。

こうしてわたしは嬉々として、ダンスにハマっていきました。

ウッドロウ・ウィルソン高校を卒業後は、ジョーンについてロングビーチ市立大に入り、週末は生活費を稼ぐために食料品店の精肉売り場でアルバイトをしました。ジョーンとは演技クラスの授業を受け、その他にもいろいろなことを共にしましたが、そのうち彼女の口から、ハリウッドにある「アメリカン・スクール・オブ・ダンス」という名前が出るようになりました。レスリー・キャロンもそこに通ったらしい。シド・チャリシーも。それだけ聞けば、もう十分でした。

ある朝、わたしはそのクラスを見学するために、ロングビーチからハリウッド行きの列車に飛び乗りました。その日のクラスに有名スターの顔は見当たりませんでしたが、構うことではありません。それまでの記憶にある限り、学びたい、やってみたいと願っていたことを、実際に学び、やっている人たちがそこにいたのです。何が何でもこのクラスに入りたい。アメリカン・スクール・オブ・ダンスの生徒になりたいと思いました。家族の励ましの言葉を耳に、わたしは荷物をまとめ、ロングビーチに別れを告げてハリウッドを目指しました。

それはジョーンとの未来に別れを告げることでもありました。彼女との間には何も起こらなかったのですが、何年かを共に過ごすうちに、わたしの中にはロマンスめいた感情も芽生えていて、正直、結婚を考えたこともありました。しかし残念なことに、そこにはジョーンとわたしの両方に好意を持ち、いつもそばにいたがるディーノという男性がいました。わたしは彼に打ち解けないものを感じ、距離を置いていたのですが、ジョーンは彼を気に入っていました。そのうち3人が一緒にいると、何かわたしがよそ者であるように感じ始めたのです。ジョーンとは純粋な友達。それでキリをつけよう…と心を決めることにしました。その後、ディーノがどうなったかはまったく知りません。でもジョーンは特別な存在として、いまもわたしの心に住みつづけています。わたしは彼女の筆跡を手本にしていたので、今でも自分の名をサインするときは彼女のことを思い出します。

ハリウッド大通り7021番地のアメリカン・スクール・オブ・ダンスでレッスンを受け始めたのは19歳のとき。パフォーミング・アーツというものにいささかでも関係あるものを正式に学ぶ第一歩でした。スクールから数ブロック離れた下宿屋に部屋を借りて、生活のためにロサンゼルス市内にあるメイ社の宣伝部でオフィスボーイとして働き始めました。通勤には、いまは廃線

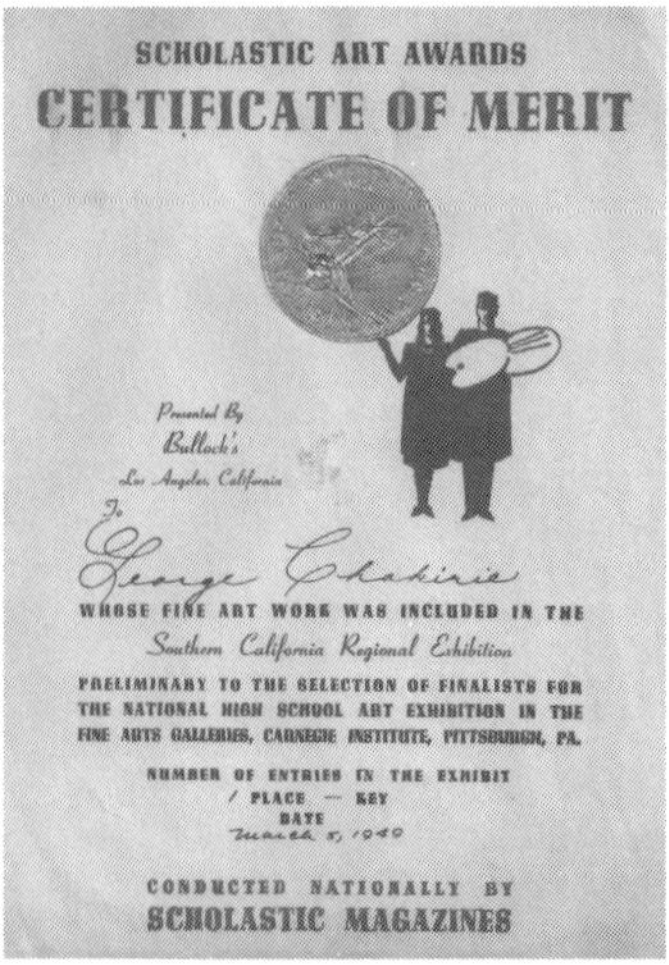
SCHOLASTIC ART AWARDS

CERTIFICATE OF MERIT

Presented By
Bullock's
Los Angeles, California

To
George Chakiris

WHOSE FINE ART WORK WAS INCLUDED IN THE
Southern California Regional Exhibition
PRELIMINARY TO THE SELECTION OF FINALISTS FOR THE NATIONAL HIGH SCHOOL ART EXHIBITION IN THE FINE ARTS GALLERIES, CARNEGIE INSTITUTE, PITTSBURGH, PA.

NUMBER OF ENTRIES IN THE EXHIBIT
/ PLACE — KEY
DATE
March 5, 1949

CONDUCTED NATIONALLY BY
SCHOLASTIC MAGAZINES

スコラスティック・アート褒状。
1949 年。

アメリカン・スクール・オブ・ダンス。
1951 年ごろ。

となった電車を使い、勤務時間は午前8時から午後5時まで。そのあと毎晩2つのダンスクラスに通い、土曜日のクラスもひとつ、とっていました。

幸せな日々でした。毎朝、目が覚めると、その日1日の期待に胸がふくらみました。クラスメートの多くとも、すぐ仲良くなりました。その何人かは、映画『雨に唄えば』のコーラスダンサーをしていて、わたしは睡眠時間がけずられることも厭わず、夜の2番目のクラスのあと彼らと食事に出かけ、デビー・レイノルズ、ジーン・ケリー、ドナルド・オコーナー、シド・チャリシー、そしてリタ・モレノという才能ある新人の話に、むさぼるように聞き入りました。自分もいつかそういう人たちの話をしたいと思いながら。本当に楽しい日々でした。いまも懐かしい思い出です。

ハリウッド大通り7021番地の最上階にはマック・セネットが住んでいて、購読している「ハリウッド・リポーター」や「バラエティ」を読み終わると、だれもが自由に読めるように、受付デスクに置いておいてくれました。わたしは目を向けようともしませんでした。本当に恥ずかしいのですが、わたしはマック・セネットが何者かを知らなかったのです。もちろん、後日になって彼がだれかを知りました。俳優。監督。プロデューサー。映画会社のオーナー。映画界では「キング・オブ・コメディ」と言われた大物です。わたしは、その人を知らなかった。もっと

ポートレート。1950 年。

世間を知らねばならない若造でした。

アメリカン・スクール・オブ・ダンスに通いだして半年たったころ、信じられないことが現実になりました。奨学金をもらえることになったのです！　一日の最後にスタジオの掃除をすれば、授業料を払わなくてもいいのです！　鏡を張った壁に床、受付、ロッカールームをきれいにして、鍵をかける。楽勝です！

毎晩、この仕事を終え、すべてのドアが間違いなくロックされていることを確認すれば、あとはハリウッド大通りを歩いて下宿に帰るだけ。その道すがら通るのはグローマンズ・チャイニーズ・シアターです。当時、あの界隈は夜ともなれば1人の観光客もおらず、静かなものでした。いつもそこで足をとめ、あの劇場の伝説的な広場に刻まれた映画スターの足型に見入りました。有名スターの足型を毎晩、好きなだけ何時間でも自分のものにできる。希望と夢にひたり、心休まるわたしだけの心地よい時間…　いつの日か、わたしの足型がそこに刻まれるなどという、だいそれたことは夢にも思いませんでした。

19歳の若さとはいえ、毎週、ダウンタウンの職場への往復がほぼ50時間。スクールでの11回のダンスクラスと清掃の仕事となると、かなり疲れます。このペースをいつまでつづけられるのか不安になりかけたある晩、スクールの創始者で、バレエ界と映画界の振付師としての実績を持つユージン・ロアリングがクラスの終了後、わたしたち生徒の数人を呼び集めました。

アメリカン・スクール・オブ・ダンスの主宰者であるロアリング氏によると、彼はプロデューサー／監督であるスタンリー・クレイマーのために振り付けの仕事をしていて、映画のなかの夢のシーンのために、ユニオンに加盟している男性ダンサーを60人必要としていたのです。映画エキストラ組合にそんなに大勢のダンサーはいません。それで非組合員であるわたしたちが、オーディションを受けることになったのです。わたしは合格しました。わたしが踊ることになった初めての映画で、それもスタンリー・クレイマー作品です。『風の遺産』、『ニュールンベルグ裁判』『招かれざる客』などの名作を世に贈った監督です。

わたしの初出演となった映画は“5000 Fingers of Dr. T”（訳注・『ドクターTの5000本の指』日本未公開）という題名で、台本の紙のうえを見る限り「スターの座が約束される役」という言葉は見当たらないものでした。59人のコーラスダンサーと一緒に、主役の少年俳優トミー・レティッグが見る悪夢の場面に登場するのです。あらゆる種類の楽器が出てくる悪夢です。

わたしはトロンボーン役。でも、待って。それだけではありません。この世のものならぬ悪夢であることを強調するために、楽器役であるわたしたちは毎朝、衣裳を身につけるまえにグリーンのペンキを全身にスプレーされるのです。あるテイクの最中に、わたしは本物のトロンボーンを壊すという失態を演じましたが、それ以外の撮影はスムーズに運びました。

このときは、だれかが「君は見込みがある!」と楽屋口を蹴破って飛び込んでこなくても驚きませんでしたが、それでも『ドクターTの5000本の指』で、踊るグリーンのトロンボーンの役をもらったことは、未来に進む大きな入り口でした。

この仕事のギャラのおかげで、生活のためにダウンタウンのメイ社に勤める必要はなくなりました。下宿を出て、ハリウッドヒルズのパインハースト・ロードにスタジオアパートを借りることもできました。ツーソンでの幼い日々、学校をさぼり、バスに乗って映画館通いをしていたころから夢に描いていたキャリア。それに向かって100%のエネルギーを集中できることになったのです。

組合のメンバーになる経済的な余裕もでき、プロとしてオーディションを受けられるようになりました。そして、幼いころの夢をはるかに超える高みに到達することとなったのです。

第二章　コーラスダンサー

テネシー・ウィリアムズの『熱いトタン屋根の猫』に、こういうせりふがあります。「若者は金がなくても生きられる。だが金がなくては年をとることはできない」。年を重ね、過去を振り返ることが増えると、このせりふがいかに真実を突いているかがわかります。

下宿を引き払って引っ越したアパートは、とても狭く、質素なものでした。4戸住宅の2階で、アドレスの数字を足すと、わたしのラッキーナンバーの7になりました。簡易キッチンにはホットプレートと冷蔵庫があり、氷屋が2週間に1度、新しく切り出した氷を届けてくれました。それで十分。アパートを出て、一方に歩けばハリウッド・ブールバード。反対方向に歩けばハリウッド・ボウルでしたが、わたし自身は世の中から完全に隔離され、森のなかの節だらけの丸木小屋で、隠者のような暮らしをしているように思えました。アパートを満たしていたのはジュディ・ガーランドのアルバム「ミス・ショービジネス」と、レスピーギの「ローマの松」と「ローマの噴水」。今は望み得るすべてのものと、それ以上のものを手にしたわたしですが、それでも、これらの音楽を聴くと、いまでも心が少し痛み、あの甘く、シンプルだった夜にタイムスリップする気がします。

アメリカン・スクール・オブ・ダンスのクラスメートの多くは、みなわたしと同じように財布は空っぽでした。リサ・ラング、マイケル・スティーブンス、そしてわたしの三人は、お金を寄せ集めてパンとツナ缶、マヨネーズの小瓶を買い、それを〝ディナー〟と呼んでいました。ケチャップ・サンドイッチは、わたしが楽しくつくり、おいしく食べたもののひとつです。

すべてがすばらしかった。人生は希望と可能性に満ち、お互いを励まし合う友達がいました。一日一日、一瞬一瞬、オーディションからオーディションを生きていく日々。幸せそのものが、生きる力を与えてくれていたのです。

どうでもいいと思うオーディションや仕事はありませんでした。コーラスダンサーだった自分を〝ただの〟と形容したことは一度もありません。コーラスダンサーであることを誇りに思い、いつも感謝の気持ちを持ちつづけていました。踊るグリーンのトロンボーンの小さな経験から学んだように、いつどこで誰が見ているか。ひとつの仕事が次のどんな仕事に、ひとつのコネが別のどんなコネにつながるか。それは決して読めないのです。ずっと昔から憧れつづけてきたスターと一緒に仕事をしている自分。そんなことが起こるのも、また読めないことのひとつです。

“The Farmer Takes a Wife”（訳注・『農夫のお嫁さん』日本未公開）という映画のコーラスの仕事をもらったときでした。出番のあったある日、高ぶった感情を抑えきれず、トイレに駆けこんで吐いてしまったことがあります。作品のすばらしさに圧倒されたのではありません。同じサウンドステージに、20世紀フォックスで最も人気があり、ドル箱スターだったベティ・グレイブルがいたからです。

ベティ・グレイブルは理由なくしてスーパースターになったのではありません。頭がよく、才能豊かで、ユーモアのセンスも抜群。そのうえ、すばらしいダンサーでもありました。映画キャリアのスタートは12歳というのですから、パフォーマーの才能を〝持って〟いて、また、それが何であるかを理解していました。生来の勘も鋭く、女優として、歌手として、ダンサーとして、絶妙な判断をくだせる女優でした。彼女の演技には自然に人の心をほぐすものがあり、観客にガンと一撃を食わせるような演技ではありません。美しい女優である以上に一緒にいるのがとても楽しく、彼女と仕事をした者は誰もがベティ・グレイブルの大ファンになりました。

『農夫のお嫁さん』の振付けはジャック・コールという、これまたその分野のトップだった人です。彼はスター女優の代表的なミュージカル・ナンバーを創作するレジェンドでもありました。リタ・ヘイワースといえば頭に浮かぶ、『ギルダ』のあの有名なシーンも彼の手によるものです。ベティ・グレイブルにも彼は同様の創作力を発揮。それを目の当たりで見るのは本当に楽しいことでした。残念なことに、スターたちを契約で縛っていた映画会社は、必ずしも彼らを生かす企画を考えず、『農夫のお嫁さん』はベティの「代表的ヒット作」にはなりませんでした。ベティ自身を含め、だれもがそう思う出来の映画でしたが、それから1、2年後、ジャック・コールは“Meet Me After the Show”（訳注・『ショーのあとで会いましょう』日本未公開）という映画で、ベティがその才能をフルに発揮できるナンバーの振付けを担当しました。よく書けた台本に、息をつかせぬダンスナンバー。この映画のベティは最高でした。（よくご覧になると、若き日のグウェン・ヴァードンが彼女の隣で踊っています）。

『農夫のお嫁さん』の撮影最終日、サウンドステージを去りながら、わたしはこう思っていました。当時の米国で最高のギャラをもらっていたベティ・グレイブルと仕事をしたあとでは、どんなコーラスダンサーの仕事が来ても、失望するだけだろうと。

それは間違いでした。

ベティ・グレイブルは当時、20世紀フォックスと契約をめぐる係争のさなかにあり、フォック

『ガールラッシュ』のロザリンド・ラッセル。サイン入り。1953年。

『ガールラッシュ』でロザリンド・ラッセルと。1954年。

『紳士は金髪がお好き』のナンバー、「ダイアモンドは女性のベストフレンド」でのマリリン・モンロー。1953年。右側がわたし。

スは彼女のために準備していた作品に、信じられないカリスマ性を持つ、すばらしい新人女優を起用しました。

作品は、フォックスがベティ・グレイブルのために買い付けた『紳士は金髪がお好き』で、代役に選ばれたのは、20代後半を迎えていたマリリン・モンローという、だれをもノックアウトする魅力を持った女優でした。そしてわたしは「ダイアモンドは女性のベストフレンド」というナンバーで、コーラスダンサーを務めることになったのです。

マリリンはだれかに教わったり、衣裳やメークでつくり出したりできない資質を持っていました。生まれつき持っていなければ決して持てないという資質で、画面に登場すると、同じ画面にだれがいようと、彼女を見ないではいられないのです。

彼女がわたしたちの雑談に加わることはありませんでした。お高くとまっていたのではなく、自分の出番に集中しきっていたのです。わたしたちコーラスダンサーとのテイクを撮り終わると、彼女は自分のドレッシング・ルームに引っ込むとか、ヘアーやメークに注文をつけることはなく、シーンのスタート位置に戻り、出番のキューを待つのです。

「ダイアモンド」の場面を撮影中、わたしが目撃した一場面が記憶のなかに鮮烈に焼きついています。マリリンの振付けはもちろんジャック・コールで、彼はマリリンのすぐ前に立ち、言葉は聞こえませんでしたが、このナンバーのことをいろいろ説明しているようでした。その間、ジャックは気づいていませんでしたが、マリリンの演技コーチで、いつも彼女に付き添っていたナターシャ・ライテスが彼のすぐ後ろに立ち、無言で「違うわ！」と首を振ったり、「彼の言葉なんか無視して。あとで話し合いましょう」という動作を見せたりしていたのです。ナターシャは当然、マリリンの視野に入っていたでしょうが、マリリンの視線は終始ジャックに注がれていて、2人から相反するメッセージを同時に受けているというそぶりを、いささかも見せることはありませんでした。マリリンは2人の相手を傷つけることなく、その場を切り抜けていたのです。ごく自然に、他人の気持ちを配慮する彼女の態度に、わたしは驚嘆しました。

ある日、リハーサルのあと、キャストとクルーのためのパーティがサウンドステージで開かれました。マリリンがいつものように目立たずに姿を見せると、わたしの友達でダンサーのドルシラ・デイヴィスが言いました。「ほほにキスしてと、彼女に頼んだら？」と。わたしは凍りつきました。「そんな！」と、わたしはかなり大きな声で言いました。「とんでもない！　そんなこと頼めるわけがないよ！」

わたしがシャイなことをからかうのが好きだったドルシラは、勝手にマリリンに頼みに行きました。マリリンはわたしのほうにチラッと目を走らせると、ドルシラに言いました。「でもわたし、あの人を知らないわ」

この一瞬は、いまも心に残っています。彼女が「マリリン・モンロー」という名前がもたらす、世の大きな期待にのみこまれる以前、少なくとも1950年代の初めの彼女のなかには、わたしと同じようにシャイな女性が住み着いていたのです。

彼女と仕事をする機会は、そのあともありました。最初は『百万長者と結婚する方法』で、エキストラとして。次は『ショーほど素敵な商売はない』で、もう少し実のある役をもらいました。『ショーほど素敵な商売はない』で彼女を取り囲んでいたのはエセル・マーマン、ドナルド・オコーナー、ダン・デイリー、ミッツィ・ゲイナー、ジョニー・レイなどの芸達者な面々。振付けは当時一番の売れっ子で、闊達な踊りを創りだしていたロバート・アルトンです。

この映画にはマリリン、ドナルド、ミッツィの三人が踊る「レイジー」というナンバーがあります。撮影の朝、時間どおりに現場入りしたドナルドとミッツィは、マリリンが現れるのをイライラしながら待っていました。マリリンが実際に姿を見せたのは午後3時。そのシーンに出番のないわたしだから言えるのですが、内心、こう思いました。「いいじゃないか。彼女は待つ甲斐のある人なんだから」と。

『ショーほど素敵な商売はない』の振付けはロバート（ボブ）・アルトンでしたが、マリリンはこの映画のなかのナンバー「ヒートウェイブ」の振付けだけは、ジャック・コールでなければイヤだと言い張りました。彼女が彼を信頼し、気を楽にして仕事ができることはよく分かりますが、それでもボブ・アルトンが仕切っている現場に、たった1曲のナンバーのために別の振付師を付けるというのは、ボブ・アルトンに気まずい思いをさせることです。また契約上もアルトンには、それに同意せねばならない義務はありませんでした。

でもアルトンはそれを拒否したり、マリリンと言い争ったりするかわりに、彼女の考えを変えるという策に出ました。

彼はまず『帰らざる河』でマリリンが歌い、ジャック・コールが振り付けた "I'm Going to File My Claim"（あたしがモノにしたい彼）の場面の試写を組みました。その場に呼ばれたのはペペ・デ・チャザというダンサーとわたしだけでした。この歌の歌詞はきわどいダブル・ミーニング満載で、ペペとわたしは大いに楽しんだのですが、ボブは下品だと思ったようです。たしかに、そうかもしれません。マリリンは集まっている男たちをまえに、台のうえでこの歌を歌うのですが、カメラは一瞬、男たちの背後から彼女のウエストの少し下に焦点を合わせます。そこでマリリンが男たちにアドリブ風に言うのは「フムムムム。金塊をお探しなの?」。ジャック・コールが本領を発揮した笑わせる演出です。このアイデアは試写の「目的成功」にもつながりました。ボブはマリリンの頭にある「ジャックのスタイル」を理解し、自分の振付けに手を入れて、マリリンが受け入れられるようにしたのです。

彼はそれから4週間をかけ、振付け助手のジョーン・ベイリーをマリリンがわりに、その背後にわれわれ4人の男性ダンサーを配して「ヒートウェイブ」を彼なりに完成させました。いよいよそれをマリリンに見せるときがきました。彼は20世紀フォックスの広いリハーサル・ホールに彼女を呼び出しました。

ハリウッドならではの太陽の輝く夏の日でした。マリリンは一人で現れました。柔らかなオレンジ色のニットドレス。背後から射す太陽光線。開かれた大きな扉から、ナンバーを披露するわたしたちダンサー・グループに向かって歩み寄る彼女。わたしたちは一瞬、見る者をクラクラさせる、彼女のおぼろげなシルエットを目にしました。通常の挨拶のあと彼女は席につき、ジョーン・ベイリーとわたしたちコーラスダンサーが、彼女のためにロバート・アルトンが振り付けた「ヒートウェイブ」を踊るのを見ていました。それが終わると、彼女はボブとわたしたちに丁寧に感謝を述べ、その場を立ち去りました。

有名な—あるいは悪名高い—『ショーほど素敵な商売はない』のなかの「ヒートウェイブ」の振付けは、結局はジャック・コールの仕事となり、ボブ・アルトンは寛大にも何も文句を言わず、脇にさがりました。エド・サリヴァンはこれを、かつて見たもののなかで「品位に欠ける最低のナンバー」と評しましたが、わたしはよくできたナンバーだと思っています。ベティ・グレイブル、そして「ダイアモンドは女性のベストフレンド」のマリリン・モンローの仕事をこの目で見た者として、ジャックは「ヒートウェイブ」でも、秀逸な振付師という名声に十分以上に応えたと思います。

繰り返しますが、エド・サリヴァンの非難があろうとも、このナンバーはジャック・コールそのものなのです。彼は女性ダンサーのために創作したダンスナンバーの動きのなかに、あるいは歌詞にないアドリブを入れることで、ちょっとしたユーモアを加えることで知られています。その典型的な例が『紳士は金髪がお好き』のなかでジェーン・ラッセルが歌った“Ain't There Anyone Here for Love?”（恋をしたい人はいないの？）の場面です。ジェーンはムキムキのアスリートたちに囲まれて、この歌を歌うのですが、ジャックならではの思いつきで、テニスのラケットを両手に持ったジェーンが口にする歌詞は「だれか、ダブルスをしない？」。つづいて「だれか、あたしとプレーしない？」というもの。ついでにトリビアをつけ加えると、この歌はジェーンがアスリートの一人に押されて、プールに落ちるところで終わります。これは台本にないハプニングだったのです。しかしこの場面はカットされず、男たちがビショ濡れになったゴージャスなジェーンを、プールから引き揚げるところまで見せてくれます。

とにかく『ショーほど素敵な商売はない』でマリリン・モンローが見せる、ホットな「ヒートウェイブ」をまたご覧になるときは、彼女が新聞に出ている各地の気温を挙げながら、時々口走るアドリブをしっかり楽しみ、ジャック・コールに拍手を送るとともに、このナンバーはジャックにしかつくらせないと頑固に主張したマリリンにも感謝してください。

たったひとつのナンバーのために振付師を替えたいと、あれだけ強固に言い張ったマリリン・モンローは評判どおり扱いにくく、わがままな女優だと言う人もいるでしょう。でもわたし個人としては、自分の直感に従い、自分にとってよいと思うことを声にした彼女は、勇敢だったと思います。

それから数十年。彼女をテーマにしたドキュメンタリーに出てほしいという依頼がきました。わたしはいつもと同じことをしゃべりました。「彼女を親しく知ることはできなかったけれど、彼女と1度ならず、2度も一緒に仕事ができたことに感謝している」と。わたしが自分のキャリアで自慢できることのひとつは、「ダイアモンドは女性のベストフレンド」で、マリリン・モンローの後ろにいる男たちの一人だということです。彼女はショービジネスの歴史に輝くアイコンと言われる以上のことを成しとげたのです。そして彼女の死は、何があったにせよ悲劇であり、

『百万長者と結婚する方法』。マリリン・モンローの背後でエキストラを。1953 年。

MGM 映画『ブリガドーン』。1952 年。左端がわたし。

早すぎるものでした。マリリン・モンローであることは容易ではなかったのです。

映画『Give a Girl a Break』（訳注・『彼女にはお手柔らかに』日本未公開）で、“Applause”（拍手喝采）というナンバーを踊ったのはデビー・レイノルズとガワー・チャンピオン。すごい組み合わせです。デビーはわずか20歳でしたが、パワーと自信に満ちあふれていました。撮影の途中で何か納得できないことがあると、彼女は突然、踊りをやめてしまうのです。パタッと。サウンドステージのスピーカーから大きな声が響きます。「デビー、指示がないのに勝手に踊りをやめないで」。でも彼女は改めませんでした。撮影がうまくいっているか、いないかがわかっていました。〝お偉いさん〟より、自分の勘を信じていたのです。

そのすぐあと、『ブリガドーン』でジーン・ケリーと一緒に仕事をしました。それが最初。でも最後ではありません。そのなかの「スコットランドの剣の踊り」は完成版からはカットされてしまいましたが、それでもジーン・ケリーはジーン・ケリーです！　学ぶことの多い貴重な経験でした。もし何としても脛骨過労性骨膜炎にかかりたいと思ったら、足の指の付け根部分だけで、何日も何日も限りなく踊りつづけることをお勧めします。

『ショーほど素敵な商売はない』に関わったとき、わたしはすでにビング・クロスビー、ローズマリー・クルーニー、ダニー・ケイ、ヴェラ・エレン主演、ロバート・アルトン振付けの『ホワイト・クリスマス』を撮り終えていました。ですからボブがいかに才能豊かで、寛大で、フレンドリーで、面白い人物であるか、彼との仕事がいかに楽しいかを知っていました。ダンサーはだれもがボブとの仕事に飛びつきました。だれにも優しく、すべてのダンサーの名を覚え、わたしが参加した撮影経験のなかで最もハッピーで、心地よいセットの雰囲気をつくってくれる人でした。

『ホワイト・クリスマス』では、いろいろな意味で、すばらしい体験をしました。そう、忘れるまえにひとつだけ、この映画に関して誤って伝えられていることを訂正したいと思います。『ホワイト・クリスマス』の振付けは、クレジットされていないけれど、実はボブ・フォッシーだった、という話を数え切れないほど耳にしました。わたしは嘘いつわりなくボブ・フォッシーのファンですが、この話だけは〝事実〟ではありません。わたしを含め、あの映画の撮影現場に終始立ち会った者ならだれでも証言できますが、振付けをしたのはロバート・アルトンです。フォッシーはこの作品とは何の関係もなく、一度たりとも現場に現れたこともなく、また彼の名が口にされたこともありません。

『ホワイト・クリスマス』の撮影初日のセットでは、ローズマリー・クルーニーが「みなさん、わたしをロージーと呼んでね」と宣言しました。少しも気取らず、温かいハートを持つ愛すべき女性でした。新婚間もないご主人、ホセ・フェラーに首ったけで、サウンドステージの壁にあるプライバシー・ゼロの電話で、少なくとも日に50回は彼に電話をしていました。（オーバーでした。10回ほどかな）。わたしはたちまちロージーに敬愛の念を抱きましたが、そのうえに彼女はなんと銀幕の女神、マレーネ・ディートリヒと仲がよかったのです。その女神がある日、ロージーに会うためにセットに現れました。非の打ちどころのない装い。こちらの息はとまらんばかり。まるで…まるで…そう、間違いなくマレーネ・ディートリヒでした。その場の誰もが、彼女に話しかけ、〝ハロー〟を言うことなど思いつきませんでした。マレーネ・ディートリヒは、誰も近寄れない存在だったのです！

『ホワイト・クリスマス』の撮影が始まって間もなく、男性ダンサーのあいだに噂が広まりました。わたしたちのなかから4人が選ばれ、ロージーが歌う“Love You Didn't Do Right By Me”（愛よ、あなたにだまされたわ）というナンバーを踊るというのです。わたしはその4人に選ばれたいと念じました。

そういうとき、撮影の休憩時間にマット・マトックスというダンサーから電話が入り、『略奪された七人の花嫁』という企画中の映画があり、そのオーディションを受けないかと誘われました。マットは優秀なダンサーで、とてもいいやつでしたし、その映画の振付けは、その分野の

『ホワイト・クリスマス』。ローズマリー・クルーニーのサイン入り。1954年。

『ホワイト・クリスマス』でローズマリー・クルーニーと。1954年。

トップの1人、マイケル・キッドだと言うのです。マットは「マイケル・キッドとの仕事は絶対に楽しめる」と言い、すでにわたしを推薦してくれていました。

うれしくはあったのですが、受ける気にはなりませんでした。『略奪された七人の花嫁』の話に「イエス」と言ってしまうと、“Love You Didn't Do Right By Me”でのロージーとの仕事を振らねばならないからです。断れば、いずれ自分を蹴りつけたいほど後悔することは頭でわかっていましたが、わたしはマットに言い訳をつくり、彼の好意に感謝をのべ、電話を切りました。

マットからの2度目の電話。「頼むから、この映画のオーディションを受けてくれ」と。悪いとは思ったのですが、結局、別の言い訳と、「とにかく感謝してるよ」という言葉で話は終わりました。

そして3度目の電話。重ねての言い訳は思い浮かばず、マットの気を悪くさせることだけはしたくありませんでした。彼を心から尊敬していたので、意に反することではありましたが「イエス」と答え、手はずを整えてくれと頼みました。そういういきさつでマイケル・キッドに見せたオーディションは生涯で最低のものでした。そこまでして――もし選ばれたら――ロージーとのナンバーを踊りたかったのです。

わたしは選ばれました。“Love You Didn't Do Right By Me”で、ローズマリー・クルーニーの

『ガールラッシュ』。ロザリンド・ラッセルとの " 田舎者 " ナンバー。1954 年。右端がわたし

『ガールラッシュ』。グロリア・デ・ヘイブンとの " シャンパン " ナンバー。1954 年。
わたしは左端。

背後で踊る4人の男の1人になれたのです。とても楽しい仕事でした。4人にはそれぞれ、踊りながらロージーとからむミディアム・ショットがあり、『略奪された七人の花嫁』のオーディションを振ったのは、結局正しかったことが証明されたのです。

『ホワイト・クリスマス』の次に入ったコーラスの仕事は、ロザリンド・ラッセル主演の“The Girl Rush”（訳注・『ガールラッシュ』日本未公開）という作品で、振付けは再びロバート・アルトンでした。どちらの映画もプロデューサーはロバート・エメット・ドーランでしたが、ある日、『ガールラッシュ』のリハーサルをしているところへ、ファンレターの束を手にした彼がやってきました。『ホワイト・クリスマス』でローズマリー・クルーニーの横にいたダンサーはだれか、という問い合わせのファンレターでした。雑誌『ライフ』がこの映画のグラビアページを掲載し、そのなかにロージーとわれわれ4人のダンサーの写真があったのです。ファンレターの書き手はこの写真を同封して、「この人のこと」だと、写真に写っているわたしに矢印やら、○印やらを付けていました。

当時のファンレターは今で言えば、間違いなく1955年版のFacebookとかTwitterのフォロワーでしょう。ロバート・エメット・ドーランはファンレターがあまりに多かったので、パラマウントでわたしのスクリーン・テストをする準備を整えてくれました。

家でウォームアップ。
1955 年。

パラマウント用
ポートレート。
1955 年。

わたしは胸を躍らせました。スクリーン・テストのオファーだけでなく、わたしを推してくれた周囲の寛大なサポートに感動したのです。ドーラン氏はテストのミュージカル部分の演出をボブ・アルトンに依頼しました。ロバート・アルトンがスクリーン・テストの演出をする？　何という幸運でしょう。その上、テストが始まるまえ、わたしはボブがカメラマンに「ディートリヒと思って、このコを撮ってくれよ」と言っているのを耳にはさんでしまいました。『ホワイト・クリスマス』の撮影中、とても親切に接してくれたダニー・ケイも、テストの実現に尽力くださったことを、あとで知りました。尊敬する方々のサポートが、いかに自信を倍加させてくれることか。そのことが身にしみました。

スクリーン・テストの映像自体は自分では見ていませんが、ブレット・ハルシーというパラマウントの契約俳優と、水兵を演じた1シーンをモノクロで撮ったこと。また歌って踊るカラーのテストシーンで、「マイ・ロマンス」を歌ったことは覚えています。

テスト結果はよかったようです。パラマウントと7年の専属契約にサインしたのが、その次の記憶ですから。夢を見ている気分でした。ダニー・ケイはお祝いに美しい金のカフスボタンを贈ってくれました。それは今も大切に持っています。

あのスクリーン・テストのフィルム・コピーがどこかにあれば…たぶんもう、どこにもないでしょう。できれば希望にあふれた若き日の青年の姿を見て、自分の人生のスタートラインを思い返したいと思うのですが。

パラマウントとの専属契約は、わたしには「これで夢がかなった」と思えるものでした。そこに思いがけなくもジェリー・ワルドから電話がかかってきました。ジェリー・ワルドといえば、ハンフリー・ボガードからエロール・フリン、ローレン・バコール、カーク・ダグラスに至るまで、あまたのビッグスターの作品を世に贈った大プロデューサーです。それは世間の人並みに、わたしも知っていました。『ホワイト・クリスマス』でのロージーとのシーンが彼の目に留まり、彼のコロンビアのオフィスに呼び出されたのです！　わたしは車を持っていなかったので、車を持っていた友人のドルシラ・デイヴィスが、呼び出しに応じるために車を貸してくれました。

わたしを温かく迎え入れてくれたジェリー・ワルドは、コロンビアのドラマ・コーチ、ベンノ・シュナイダーにわたしを引き合わせ、「次のモンゴメリー・クリフトになる」という意見を添えてくれました。その言葉にいささか目が回りかけていたのですが、さらなる追い討ちで、20世紀フォックスのために彼が企画中の『ペイトン・プレイス』に、わたしをパラマウントから借り出す準備をしていると付け加えたのです。

その日、これ以上、いいことが起こるわけがないと思いながら、ジェリー・ワルドとベンノ・

シュナイダーに別れを告げ、その建物を出て、〝わたしの〟(ドルシラの)車に向かっていたとき、何と出くわしたのはキム・ノヴァクでした。彼女はハリウッドとバイン・ストリートの角まで乗せてもらう車を探していたのです。「そこ、ぼくの通り道です」とわたしは言いましたが、そうでなくても、そう言っていたと思います。「次のモンゴメリー・クリフトだ」と言ってくれたジェリー・ワルドに会い、彼の次回作に出る話を聞き、そのうえにハリウッドとバイン・ストリートの角までキム・ノヴァクを送ったのです。そして小さいながら、わが家であるアパートに戻りましたが、天にも昇る思いだった一日を心の中でもう一度たどり、ほとんど一睡もできない一夜を過ごしたと思います。

『ペイトン・プレイス』の役をもらえるという話はそれきりになってしまいましたが、ジェリー・ワルドの仕事をしたかったという思いは消えませんでした。映画業界で高く評価されていた彼は、ローズマリー・クルーニーと踊っている、ほんの一瞬のわたしを見て、ドラマチック・アクターになるのではないかと考える、豊かな想像力を持った人でした。その時も今も、わたしは最高の褒め言葉をいただいたと思っています。

ついでに『略奪された七人の花嫁』での、あの(最低の)オーディションが、どの役のためだったかは知りません。ただ俳優として、ダンサーとして、目をむくほどの才能を持ったラス・

タンブリンが兄弟役の1人を演じたことは知っています。また『ペイトン・プレイス』で、ジェリー・ワルドがわたしにと言っていた役もラス・タンブリンが射止め、アカデミー賞にノミネートされました。

ラスにこの話をしようと思いながら、つい忘れているのですが…。

パラマウントとの専属契約を結んですぐ、サウンドステージの1つで、契約俳優たちを招いた正式晩餐会が催されました。その招かれた1人であるゴージャスな19歳のスイス人女優、ウルスラ・アンドレスとは面識がありました。ユーモアのセンスが抜群で、ハリウッドにワンサといる新人俳優とは一線を画す、新鮮さを感じさせる女優でした。女優であるということも、ハリウッドそのものも、彼女は面白半分で受けとめていたようでした。彼女の席はわたしの対面で、その夜のエスコートはジェームズ・ディーンという名の青年でした。感じのよい、でも少しシャイで、静かな激しさを秘めている青年で、ウルスラが彼に夢中であることは、はた目にも明らかでした。それから1年もたたないうちに、彼の人生は自動車事故で断ち切られたのです。

パラマウント撮影所の中を自由に歩き回れるのは、わたしにとってはディズニーランドで、好き勝手をする自由を得たようなものでした。あるサウンドステージに足を踏み入れた日は、わずか3メートルちょっとの距離で、衝撃的なエルヴィス・プレスリーというパフォーマーが、ハル・ウォリスのためのスクリーン・テストで、“Blue Suede Shoes”（ブルー・スエード・シューズ）を歌っていました。その場に1人で立っていたわたしには、彼がまるでわたしのために歌ってくれているように思えました。未来のスーパースターは見るだけで、将来を予知できるものです。

オードリー・ヘップバーンが『パリの恋人』を撮影しているというサウンドステージに、もぐりこんだこともあります。撮影は巨大なサウンドステージの奥で行われていて、わたしはその反対側にそっともぐりこみ、見つからないようにしていたのですが、突然、だれかに肩をたたかれ、出て行くように言われました。撮影現場は絶対に立入り禁止というのは、オードリー・ヘップバーンが厳重に言い渡し、秘密裏に守られていたルールだったのです。再度トライしたかったのはやまやまでしたが、二度と実行はしませんでした。

しかし『パリの恋人』で、フレッド・アステアとケイ・トンプソンが踊る“Clappa Yo Hands”（手を叩いて）の撮影は見ることができました。オードリー・ヘップバーンのサウンドステージから追い出されたことを補って余りある幸運でした。わたしと友人のリサ・ラングは、ボブ・アルトンの家でケイ・トンプソンと会ったことがあり、わたしたち2人を覚えてくれていたケイが言葉をかけてくれたおかげで、撮影を見ることができたのです。彼女とフレッド・アステアの仕事ぶりを見るのは至高の時間でした！　ケイはMGMでアステア、ガーランド、その他、大勢の大物たちと共演した実績を持ち、『ケイ・トンプソンとウィリアムズ・ブラザース』と銘打ったライブ公演にも挑戦しました。ウィリアムズ兄弟の1人はアンディです。わたしの意見を言えば、ケイは『パリの恋人』を実質的に〝盗んだ〟と言えるほど、すばらしかったと思います。

パラマウントの契約には、もちろんビジネスもからんできます。契約にサインした時、スタジオ側が強固に主張したのは、わたしの名前を変えろということでした。〝チャキリス〟という名は〝一般的ではない〟と言うのです。エスニックな名前は人気を呼ばないというのが、映画界の当時の風潮だったと、わたしは今も当時もそう思っています。そして提案された名前が〝ケリス（Kerris）〟でした。“George Kerris”。口にしても、感覚的にも違和感があります。でもわたしは新人だし、スタジオに逆らいたくなかったので、「ジョージ・ケリス」をのむことにしました…一時的にです。

なぜ、どうしてかは分からないのですが、スーパー・プロデューサーのジョー・パステルナックがわたしのスクリーン・テストを見て、シド・チャリシー主演の彼の映画、『ラスヴェガスで逢いましょう』の小さな役に、わたしをMGMに借り出したいと申し出てきました。美しくてかわいいベティ・リンとわたしは、ラスヴェガスで運に見放され、泊まるところもないという若夫婦を演じました。わたしたちはシドの共演者、ダン・デイリーと“It's Fun To Be In Love”（恋は楽しい）というナンバーを踊り、その曲が終わると、ダンはホテルのルームキーをわたしたちにくれるという筋書きです。心を癒すハッピーエンドの楽しい映画。“It's Fun To Be In Love”を振り付けたのは、フレッド・アステアと何度も仕事をしたことで有名なレジェンド、ハーミズ・パンです。「ジョージ・ケリス」という名は、それなりにツキをもたらしたようです。

予期せぬボーナスとして、ジョー・パステルナックは撮影所ですれ違うたびに大きな笑顔を見せ、「君はビッグスターになる！　ビッグスターにね！」と熱い声をかけてくれました。

この映画を撮り終えてからは、警備員の立つMGMのゲートを自由に車で出入りして、撮影所内を好きに歩き回れるようになりました。わたしが「好きに」行きたかった場所は『ラスヴェガスで逢いましょう』のサウンドステージで、シド・チャリシーが踊る「眠れる森の美女」のバレエ場面を見ることでした。彼女のパートナーはすばらしいダンサーで、ジャック・コールの秘蔵っ子の一人だったマーク・ワイルダーです。シドが美しいように彼はハンサムで、二人の組み合わせは最高。わたしは恥も外聞もなく、二人の大ファンでした。

このころはわたしも、中古ながらカッコいいグレーのオールズモビル・コンバーチブルを持っていました。これに乗って、MGMのゲートを「有名スター」であるかのように、軽く手を振って通り抜けていたものです。数か月後に封切られるシド・チャリシーの映画に出たのですし、ほかならぬジョー・パステルナックがスターになると予言してくれていたのですから。〝ジョージ・ケリス〟は結構、有頂天な気分になっていました。

「眠れる森の美女」のシドの撮影最後の日、車を停め、サウンドステージに向かおうとした時、たまたまジョー・パステルナックの製作補佐に出会いました。

ちょっとおしゃべりをして、それぞれの方向に歩き出そうとした時、彼はふと思い出したというように言いました。「言い忘れてた。あの映画、長くなりすぎたので、君の場面はカットすることになったよ」。そう言って、彼は行ってしまいました。

わたしのハートはアスファルトの上にドサッと落ちました。簡単な「言い忘れてた」というひと言で、シド・チャリシーとの映画は煙と消え、自信への不安を和らげてくれるように思われたジョー・パステルナックの励ましは霧散したのです。そして何よりもその一瞬に、〝ジョージ・ケリス〟とは縁を切ろうと思いました。〝コマーシャル〟とか、〝エスニック〟とかは、どうでもよい。これからのわたしはジョージ・チャキリス。だれにもひけめを感じることはない。認めるか、認めないか、どうぞ、ご自由に！という気持ちになったのです。

パラマウントがわたしをＭＧＭに貸し出したことは何度かあり、それには感謝しかありませんでした。MGMは製作本数も多く、ずば抜けた才能を持つ人材も豊富でした。一方、パラマウントでは、我々、契約俳優の力ではどうにもならない動きが起きていました。1つには、パラマウントで映画をつくっているプロデューサーの大半は独立していて、スタジオの契約俳優を起用する義務がなかったのです。もう1つには、1950年代の中ごろともなると、ミュージカル映画の制作本数は減少し、テレビジョンという新しい流行の出現で、娯楽を求めて映画館に行かないでもよいという選択肢を大衆に与えたのです。

従って契約を結んで1年後、パラマウントがわたしを解雇できるという、契約上の権利を行使したときも、正直、驚きもせず、それほど失望もしませんでした。むしろそのおかげで自由を得て、何があっても逃したくないチャンスをつかむことができたのです。

敬愛する振付師、ロバート・アルトンから電話がかかってきたのは1956年でした。彼は信頼厚い助手で、人柄もすばらしいジョーン・ベイリーと組み、『ジュディ・ガーランド、ラスヴェガスでのライブ・ショー』の振付けにとりかかろうとしていました。このショーは、ラスヴェガスのサンセット・ストリップにあるニューフロンティア・ホテルで幕を開けることになっていました。

このショーに対する世間の期待と興奮は度を超えていました。ジュディはヴェガスで史上最高のギャラをとるパフォーマーになるのです。4週間の興行のために11人の男性ダンサーを雇ったボブは、彼らのサポート役に、またチームのメンバーとして、わたしにも参加してほしいと言ってきたのです。ボブがわたしに振付けを教え、わたしがそれをダンサーたちに教えるという仕事です。

たとえ自由の身でなくても、無理してでも飛びついていた話です。

その4週間は、いくら控えめに言っても、忘れがたいものになりました。

パフォーマーの中には、仕事のうえでは圧倒的なパワーを持っているのに、素顔で会うと失望してしまうという人がいます。ジュディ・ガーランドはそういう人ではありませんでした。そばにいるだけで相手を魅了し、また相手のすべてを見抜いてしまう人の1人。気取りというものは爪の垢ほども持たず、リハーサルはいつも黒のタイツと男物のシャツで通していました。初日の夜はハリウッドのセレブたちとまじわるより、舞台裏で働く人たちと一緒にいることが好みでした。何人かの人から聞いたのですが、映画の撮影現場では一日が終わりかけると、彼女はわざとミスをするのだそうです。重役連中へのイヤがらせではなく、撮影スタッフやダンサーたちが残業をして、時間外労働の賃金をもらえるようにとの配慮からです。人を笑わせることが大好きで、時にはきわどい言葉のきわどいジョークを言うことも平気。話上手という面でもまれに見る人でした。

ボブ・アルトンはMGMでジュディと一緒にフレッド・アステアとの『イースター・パレード』や、レイ・ボルジャー、アンジェラ・ランズベリーとの『ハーヴェイ・ガールズ』(未公開)、そして若くて華々しいシド・チャリシーなどの古典ミュージカルを手がけていました。ジュディは心底、ボブを信頼しており、またボブは彼女について、ラスヴェガスのショーを準備する段階で役に立つことを、いろいろ勉強していました。その1つは、ジュディは歌うことと同様、体の動きにも生まれつきの天分を持っていたということです。ボブは彼女を振り付けるときに、それを最大限に活かしました。もう1つは、ジュディはあまりリハーサル好きではなかったことです。非の打ちどころのない直感的なパーフォーマー、またアーティストで、何事もまたたく間に覚えてしまうからです。「ジュディ」という彼女のアルバムがリリースされたばかりだったので、わたしたちのリハーサルのほとんどは、このアルバムをプレイヤーで流し、ジョーン・ベイリーが彼女のスタンドインを務めながら行われました。ある晩、ジュディはわたしたちの何人かを自宅に招き、最先端のサウンドシステムでそのアルバムを聴かせてくれました。ヴェガスに移動するまえ、ロスのダンス・スタジオでのリハーサルで使っていたレコードプレーヤーとスピーカーとは大違いの代物でした。彼女は当然ながら、そのアルバムを誇りに思っていて、わたしたちにその真価を理解させたかったのです。

ジュディ自身がリハーサルに出てくると、だいたいは録音された音楽を静かに口ずさみながら、動きを〝なぞる〟だけ。こういうリハーサルの途中で、ジョーンがボブに「彼女、いつ本気になるの?」と尋ねたことがあります。ボブは「まあ、待ってなさい」と答えただけでした。「まあ、待ってなさい」。まさに、その言葉どおり。アルバムのなかの〝Come Rain or Come Shine〟(降っても、晴れても)で、半分の声量で歌っていた彼女が、全声量で歌いあげる時……それは薄暗い照明の部屋から出ると、突然、頭上で感謝祭の花火が打ち上がったかのような衝撃でした。観客の前で歌うときの彼女は、自分の持つすべてを歌にぶつけます。ジュディ・ガーランドほど、曲の魂と深い心のつながりを持っていた歌手はほかにいません。リハーサルには彼女の娘も何度か現れました。10歳だったライザ・ミネリです。いつもかわいいドレスを着て、エナメルの靴をはいた彼女は、ママと同じ表情豊かな大きな目の女の子でした。ライザはわたしたちのリハーサルに興味津々。自分も踊りたがりました。わたしがコーラスダンスのステップをいくつか教えると、またたく間にそれを覚えました。1956年という当時から、まれに見る才能を持った子だというのは明らかで、まさに「蛙の子は蛙」だったのです。

ショーの初日は信じられない騒ぎでした。ハリウッドのセレブが一人残らず押しかけてきたかと思えるほどで、「立ち見席オンリー」を超えた超満員状態。興奮に満ちた空気はナイフで切れるほどでした。それはまさに、『ジュディ・ガーランド、ラスヴェガスでのライブ・ショー』の期待に応えたものでした。オープニングのナンバー“You're All Invited”（皆さんを歓迎します）は偉大な作曲家／編曲者のロジャー・イーデンスが特別に創った曲です。ステージにまず、プラカードを手にした11人の男性コーラスダンサーが登場します。それぞれのプラカードにはアルファベットが1文字。踊りにつれてダンサーのポジションが変わって、“Jaguar”（ジャガー）“Dandy”（ダンディ）“Lady”（レディ）“Jug Lad”（顔型水差し）などの言葉が綴られ、最後に“Judy Garland”になると、彼女が登場するという演出です。客席は咆哮《ほうこう》し、それはひと晩中つづきました。

完ぺきに、魔力を持つように歌われる1曲1曲が終わるたびに、彼女は何度、舞台に呼び戻され、拍手と歓声を浴びたでしょうか…忘れられない一夜。忘れられない4週間。心を満たされ、限りない感謝とともに、わたしはロスに戻りました。

ボブ・アルトンとは1957年、『コール・ポーターに捧げる一夜』という、ライブの特別テレビ番組で再び仕事をしました。生放送です。キューを間違ってはならず、リテイクはできず、間を空けてはいけない。何があろうと踊りつづけ、踊り終えねばならないのです。震えるほど怖

ベティ・リンと。

テレビ特番『コール・ポーターに捧げる一夜』。

く、でも言葉にならないほどエキサイティングな経験でした。

番組のトップバッターはドロシー・ダンドリッジ。すばらしいミュージカルのスターで、実力のある女優。オットー・プレミンジャー監督の『カルメン』で、当然のことですがアカデミー賞にノミネートされました。わたしはこの番組のリハーサルをすべて見て、出演スターたちが歌う曲を知っていましたが、ドロシーが歌った“My Heart Belongs to Daddy”（あたしのハートはパパのもの）は最高でした。そのナンバーの途中、彼女が小さなミスを犯し、うまく取り繕ったのをわたしは目に留めました。だれも気づかないようなミスでしたが、わたしは見てしまったのです。一瞬、不安に襲われました。もし自分がミスをしたら？　生放送中に？　彼女のように上手に取り繕える？　彼女が歌いつづけるうちに、わたしの集中力は高まり、間違いをするかもという可能性は薄れて、すべては無事に終わりました。

この番組でのわたしのパートナーは熟練の女優／ダンサーのサリー・フォレストでした。ゴードン・マクレー、シャーリー・ジョーンズ、ジョージ・サンダース、ドロレス・グレイ、ルイ・アームストロングたちと、比類なきコール・ポーターの曲を踊り、歌ったのです。そのなかでサリーとわたしは「ビギン・ザ・ビギン」と「ナイト・アンド・デイ」を踊り、後者でわたしは歌まで披露しました。もちろん生で！　劇場と似ていますが、生のテレビははるかにプレッ

サリー・フォレストと。『コール・ポーターに捧げる一夜』1954年。

ラスヴェガス、トロピカーナ・ホテルでのジェーン・マンスフィールド主演『トロピカーナ・ホリデイ・レビュー』。1958年。

シャーが大きく、スリル満点。本当に胸ドキドキの体験でした。

フィナーレでは全員で、華奢で小柄、しかし途方もない才能の持ち主、コール・ポーターその人を舞台に迎えました。スターでないわたしは、そのグループとは距離を置き、端のほうに立っていたのですが、突然、だれかが来て、わたしを主演者グループと…コール・ポーターのところに引っ張っていったのです。何と光栄だったことか。その特別番組のあと、多くの好評がわたしに寄せられました。あまりにもうれしかったので、「バラエティ」と「ハリウッド・リポーター」の2紙に、その好評を引用した2本のフルページ広告を出してしまいました。

そしてその結果…何も起こりませんでした。

ロスでのダンサーの仕事は、ミュージカル映画の衰退とともに減る一方。祝福され、幸運に恵まれたわたしでしたが、先は真っ暗な袋小路。同じところをグルグル回っているように思えてきました。

そしてついに、挫けたということではなく、直感が命じるままに、何人かのコーラスダンサーの仲間のあとを追い、友人たち、そしてわたしを支えつづけてくれたすばらしい家族に別れを告げ、1958年の夏、ニューヨークへの片道切符を買ったのです。

第三章　オーディション

友人のドルシラ・デイヴィスはわたしより前にニューヨークに移り、すてきな友達マリアンヌ・マッケイとアパートをシェアしていました。親切な招きに甘えて、わたしは2人の居間のソファで寝かせてもらい、なじみのないキビしい大都会で暮らしていく即席訓練を始めました。

ドルシラはすでに東海岸のダンス・コミュニティを回って歩いてコネをつくっており、マリアンヌはこれまた名声高いプロデューサー、ロジャー・L・スティーブンスのオフィスで働いていました。つまりニューヨークの劇場世界の動向で、二人が知らないことはないということです。

当時、ニューヨークで最もホットなミュージカルは『ウエストサイド物語』でした。ある晩、わたしたち三人はそれを観にウインター・ガーデン劇場に出向きました。文句なく圧倒されました。マリアはキャロル・ローレンス。トニーはラリー・カート。ベルナルドはケン・リロイ。リフはマイケル・カラン。アメリカン・スクール・オブ・ダンスのころから心酔していた、すばらしいチタ・リヴェラがアニタ役でした。振付けはジェローム・ロビンス。作曲作詞はレナード・バーンスタインとスティーブン・ソンドハイム。すべてに興奮し、シビれにシビれました。

ですから『ウエストサイド物語』のロンドン公演のためのオーディションがあるから受けてみたらと、マリアンヌが言ってくれた時は飛びあがりました。「あのミュージカルのオーディションなら何が何でも、受けてみたい」。わたしだけでなく、ニューヨーク中の仕事にアブれていたダンサーは、みな同じ思いでした。彼らが列をつくって並んでいる場所を教えて。わたしもその列にくっつき、何時間でも並ぶから！

しかしドルゥー（ドルシラ）とマリアンヌのような友達を持ったわたしは、並ぶ必要などありませんでした。

「ウインター・ガーデン劇場の楽屋口に行って、ルース・ミッチェルに会いたいと言いなさい」とマリアンヌは言いました。「彼女が舞台監督だから」。

了解。わたしはウインター・ガーデン劇場の楽屋口に直行しました。

あれはただの偶然だったのか。それとも神秘の力が働いたのか。ウインター・ガーデンの楽屋口で出会ったのはルース・ミッチェルではなく、ハリウッドのアメリカン・スクール・オブ・ダンスの花形生徒で、知り合いだった友人のハワード・ジェフリーだったのです。

「ハウイー！」

「ジョージ！」

ハワードは数年前にニューヨークに移っていて、いい線の成功を収めていました。「バレエ・シアター」の一員となり、いまは『ウエストサイド物語』を振付けたジェローム・ロビンスの助手をしていたのです。

数分間、近況の情報を交換しあい、わたしがなぜ楽屋口に来たかを知ると、彼はすぐわたしをルース・ミッチェルのところへ連れていき、われわれがどこで知り合い、友達になったかを手短に説明しました。

彼女は親切そのものでした。そして、ハワードがわたしを推してくれたからこそ、次のことが起こったのだと思います。彼女は『ウエストサイド物語』の台本をくれて、ロンドン公演のために、シャーク団のリーダーであるベルナルドの役を勉強しなさい、と言ってくれたのです。

「1週間後ぐらいにジェリー（ジェローム・ロビンス）のオーディションを受けて。彼はアルヴィン劇場で『バレエ：U.S.A.』のリハーサルをしているから、そこでせりふ読みをするのよ」。

彼女の言葉を正しく聞きとったことを自分に確認し、本当に『ウエストサイド物語』のオーディションを受けられることを知ったわたしは、アパートに駆け戻ってドルゥーとマリアンヌにそのニュースを伝え、台本の勉強を始めました。ブロードウェイ公演を観ていましたから、ベルナルドがいかに大役で、大きな挑戦であるかはわかっていました。その週は台本を読みこむことに没頭しました。

巷《ちまた》の噂によれば、ジェローム・ロビンスは仕事の場では非常に厳しいけれど、いつも、いつも、それに値するものだと聞いていました。彼の振付けはわたしも目で見ていましたから、それに疑いはありません。たぐいまれな振付師。天才です。何としてでも彼との仕事をしたいと思いました。

台本に心血を注ぎ、不安にさいなまれ、崩れかかる自信と闘う1週間がすぎ、時間どおりにアルヴィン劇場の扉のまえに立ったわたしは深く大きく息を吸い、中に入りました。そこで迎えてくれたのは、優しく、フレンドリーなジェローム・ロビンスその人。感じよく、相手を勇気づける物言いで、わたしに会えてうれしいという態度を見せてくれました。そして人を誘いこむステキな笑顔。よかった。人の噂は当てにならないということを、改めて心に刻みつけました。

そのあと舞台監督を相手役に、シャーク団のリーダー、ベルナルドのせりふを読みました。うまくやれただろうか…オーディションが終わると、次に聞くお決まりの言葉は「ご苦労さん。よかったよ。会えてよかった。いずれ連絡するから」なのですが、ジェリーはカーブ球を投げてきました。わたしに舞台の袖に行って20分ほど台本を読み、シャーク団と相対しているジェット団のリーダー、リフのせりふを読んでほしいと言ったのです。

わたしはそのとおりにして、せりふ読みもうまくいったのだと思います。なぜなら、そのあと、ジェリーは『ウエストサイド物語』でリフが歌う「クール」の楽譜をくれて、こう言ったのです。

「これを覚えて、歌えるように。10日ほどしたら、また来てもらうから」

何ていい人なのでしょう。ますます彼の仕事をしたくなりました。それに「クール」はすばらしい曲です。わたしはピアニストを雇い、オーディションの準備に専念し、10日後に再びアルヴィン劇場のステージで、ジェローム・ロビンスのために「クール」を歌いました。

ジェリーのためのダンスのオーディションはありませんでした。彼は『コール・ポーターに捧げる一夜』を観ていて、わたしにダンサーとしての合格点をくれていたのです。『コール・ポーターに捧げる一夜』が役に立ってくれたわけで、ロバート・アルトンの仕事をしたことがジェリー・ロビンスにつながったのです。

オーディションが終わりアパートに戻ると、〝待ち〟が始まりました。この世界の人間はみなうなずくでしょうが、鳴らない電話が鳴るのを待つのは、この職業の一番大きな試練のひとつです。待ち時間に耐えながら、わたしは『ウエストサイド物語』はそもそも、どうして生まれたのか。実際のミュージカルとして誕生するまえの長い期間、なぜそれは「実現不可能」「無理」「暗くて、気が滅入る」「コケることは必至」と言われたのか。その理由を知りたいと思いました。

「史上、あらゆる作品を超えて愛された」とされるミュージカルは、長い歳月をかけて、興味の尽きない困難な旅を経ていたのです。『ウエストサイド物語』が生まれ落ちようとして苦しみもがいていた時期、このわたしの人生には何が起きていたのか。忘れがちではありますが、この世の中では、自分には無関係と思っていたことが、後日、自分の人生と交叉し、人生を変えることがあるのです。

1947年、13歳の少年だったわたしがロングビーチの聖ルカ聖歌隊で歌い、学校をサボって映画館通いをし、その世界に入りたいと夢見ていたころ、ジェローム・ロビンスはある一夜、彼のニューヨークのアパートで、レナード・バーンスタインとアーサー・ローレンツを相手に、現代版のミュージカル『ロミオとジュリエット』をつくりたいというアイデアを話し合っていました。

ジェリーはこのシェイクスピアの名作の舞台を、マンハッタンのイーストサイドに移そうと考えていました。イースターと過ぎ越しの祭りを背景に、カトリック系のジェット団と、ユダヤ系のエメラルド団が対決するという設定でした。その設定のなかで、カトリックの若者（ロミオ）が、ホロコーストを生きのびたイスラエルの娘（ジュリエット）と悲しい恋の物語を展開するというもの。タイトルは「イーストサイド物語」となるはずでした。

確固たる地位を築いていた劇作家でシナリオライターのアーサー・ローレンツは、初めてのミュージカルを書くチャンスを求めていました。ジェリーのアイデアにその可能性を見た彼は、話に乗りました。レナード・バーンスタインは、クラシック音楽ファンでない観客にもアピールする、現代的なひねりのあるミュージカル、またはオペラを、アメリカで甦らせたいと考えていました。「イーストサイド物語」は、その野望を実現する格好の企画でした。ロビンスとローレンツは、ビッグスケールのミュージカル／オペラをブロードウェイの舞台に持ちこむことに、必ずしも賛成ではなかったのですが、その問題は、この企画がもう少し進んでから考えようと、脇に置かれました。

ローレンツは台本の初稿を書き上げましたが、第二次大戦の余韻が残っていた当時、反ユダヤ主義という、いまだ極めてデリケートなテーマに触れるのは、時期尚早ではないかと考え直しました。そうこうするうちに、ローレンツ、ロビンス、バーンスタインがそれぞれ、これ以外のプロジェクトに集中せねばならない事態が生じました。1949年のなかごろ、わたしが高校生で、ダンスとジョーン・スキャンロンとの恋に落ちていた時期です。「イーストサイド物語」は棚上げされ、3人のクリエーターに時間ができ、企画を先に進めるべきかどうかを話し合う時を待つことになったのです。

放棄されていたこの企画が、再び日の目を見たのは6年後の1955年でした。ロビンス、ローレンツ、バーンスタインが、ジェームズ・M・ケインの小説、「セレナーデ」を戯曲化しようと、再び顔をそろえたのです。しかしこの企画は実現せず、3人は当然のことながら「イーストサイド物語」の話を復活させることになりました。この時の障害のひとつは、レナード・バーンスタインが歌詞とスコアの両方を受け持つのはとても無理と、音《ね》をあげたことでした。しかし幸運が働きました。スティーブン・ソンドハイムという若いソングライターを紹介されたアーサー・ローレンツが、彼にバーンスタインの「イーストサイド物語」のスコアに歌詞をつけてもらおうと提案したのです。最初、ソンドハイムは乗り気ではなかったのですが、師匠であるオスカー・ハマースタインと相談して、やっと「イエス」の返事をしました。

「セレナーデ」の企画がポシャり、ローレンツは別の映画のシナリオを書く仕事のため、ハリウッドに居を構えました。偶然にもレナード・バーンスタインも同時期、ハリウッド・ボウルでコンサートを指揮するためにロスに滞在していました。2人は会おうということになり、ビヴァリーヒルズ・ホテルで落ち合いました。このホテルは20世紀フォックスからわずか数キロ。わたしがマリリン・モンローと『ショーほど素敵な商売はない』を撮っていたときです。ローレンツとバーンスタインの間では、その朝、ロサンゼルス・タイムズ紙のトップ記事になっていた、シカゴのギャングの世界に、血なまぐさい縄張り争いが勃発したという事件が話題になりました。それがきっかけで、「イーストサイド物語」の背景をロスに移し、メキシコ人vsアメリカ人のギャング対決の話に置き換えたらどうかというアイデアが、ごく短く話されました。

ローレンツはその設定になじめないものを感じていました。彼にとっては、ロサンゼルスよりもマンハッタンのほうが身近で、そのマンハッタンには、6年前に「イーストサイド物語」の初稿を書いて以来、劇的な変化が訪れていました。ローワー・イーストサイドのスラム街が取り壊され、50万人以上のプエルトリコ人がニューヨークに移住してきて、その地域の文化構成を根こそぎ変えていたのです。

ローレンツとバーンスタインのビヴァリーヒルズ・ホテルでの会話に、ニューヨークで起こりつつあった民族意識の変化が加わって、「イーストサイド物語」の元々のコンセプトだったカトリック／ユダヤのテーマは、人種的な対立のテーマに変わりました。相対するグループは、プエルトリコ人の「シャークス」vs白人の「ジェッツ」。「ロミオ」は元ジェット団の団員だったポーランド＝アイルランド系のトニー。「ジュリエット」は「シャークス」のリーダー、ベルナルドの妹で、プエルトリコ人のマリア。この2人が誕生したのです。

レナード・バーンスタインはラテン・リズムが好きで、また1950年代半ば、ラテン音楽はとても人気がありました。歴史に残るバーンスタインのスコアは、ジェット団のアメリカン・ジャズブルースと、シャーク団のプエルトリコで生まれたピッチ＝パーカッションのラテンアメリカン・テーマを結ぶ、見事な掛け橋となりました。スティーブン・ソンドハイムの秀逸な歌詞がそのスコアに乗り、再度、生まれ変わった企画のタイトルは、ここで『ウエストサイド物語』になったのです。

わたしがテレビの『コール・ポーター生放送スペシャル』で忙しくしていた1957年の春、資金主を募る動きが始まりました。最悪でした。暗い音楽、不良少年の抗争、3件の殺人がからむブロードウェイ・ミュージカルに投資をしようという人はいませんでした。そのころのブロードウェイは『メリー・ウィドウ』『マイ・フェア・レディー』『くたばれ！ ヤンキース』『野郎どもと女たち』といった、楽しいミュージカルに沸いていたのです。また、キャロル・ローレンス、マイケル・カラン、ケン・リロイ、ラリー・カートという才能あるキャストが組まれていたにもかかわらず、彼らは資金主には、あまりなじみのない名前でした。プロデューサーのシェリル・クロフォードも、『ウエストサイド物語』はコケると思いこみ、リハーサルが始まる予定の6週間前に手を引いてしまいました。

ロビンス、バーンスタイン、ローレンツ、ソンドハイムは当然のことながら落ち込み、意欲を失いました。資金主の見方は正しいのかもしれない。彼らが創りだした作品、それに注ぎこんだ10年の歳月と努力は、結局ムダだったのかもしれない。すべてを諦め、損失をかぶり、先に進むべきかも…。

最後の瞬間、神にすがる気で、スティーブン・ソンドハイムは、トニー賞を獲得したプロデューサー、ハル・プリンスを訪ねました。演劇界の〝巨人〟となる階段を駆け登りつつあったプリンスです。プリンスは台本を読んで気に入り、スコアを聴くことに同意しました。彼は自伝の中でこう書いています。「ソンドハイムとバーンスタインがピアノの前に座り、全曲を弾きだした。そしてすぐ、わたしは彼らと一緒に歌っていた」と。契約書にサインした彼は、立てられていた予算をけずり、資金調達を始めました。

そして1957年9月26日、「ムダな試み」「コケること保証付き」と、だれも振り向かなかった『ウエストサイド物語』が、ブロードウェイ1634番地のウインター・ガーデン劇場で初日を迎えました。席は満杯。その中にはマレーネ・ディートリヒ、ケーリー・グラント、タイロン・パワーの姿もありました。

すべてが終わると、静寂のみ。カーテンコールの幕があがると、1拍の間を置いて全観客が座席から立ちあがり、拍手と歓声を浴びせ始めました。そしてそれは何と17回のカーテンコールの間中つづいたのです。

『ウエストサイド物語』は、わたしが勘の命ずるままにニューヨークに移り、友達のドルゥーとマリアンヌの言うとおりに、ウインター・ガーデン劇場の楽屋口に立った1年後もまだ大ヒットを続けていました。そしてドンピシャリのタイミングで旧友のハワード・ジェフリーに出くわし、それがルース・ミッチェルに紹介される糸口となり、それが「史上、最も愛されているミュージカル」の、そもそもの種を蒔いたジェローム・ロビンスのオーディションを受けることにつながったのです。

1958年9月16日、わたしの24回目の誕生日に、カリフォルニアから各35ドルの失業保険小切手が7枚とどき……ルース・ミッチェルからお祝いの電話がかかりました。ジェローム・ロビンスが『ウエストサイド物語』ロンドン公演のリフ役を、正式にわたしにオファーしてくれたという知らせでした。

このミュージカルの興味深い成りたちの歴史を知ったあとです。役をもらえてうれしい、などというものではありません。役をくれたジェローム・ロビンスに感謝するとか、後一歩のところで存在すら危ぶまれた、すばらしいミュージカルの一部になれて胸が躍った、などというものでもありません。わたしにとっては言葉で言い尽くせない名誉でした。

リハーサル初日、新しいキャストメンバーが、ウインター・ガーデン劇場のステージで顔を合わせました。張りつめた興奮が空気を満たしているのを感じました。みな、やる気満々。でも不安。自己紹介をしながら、全員が共通して抱いていたのは――努力が報われて、この場にいる。でも、まだ現実とは信じられない――という思いでした。

ジェリー・ロビンスがシャークスとジェッツを舞台に集め、その朝は始まりました。彼はわたしたち全員のまえに立って、こう言いました。「オーケー。リハーサルの期間は3週間だ。シャークスはそっちへ（と、彼はステージの左側を指しました）」「ジェッツはそっち（と指したのはステージの右側）」。そして「リハーサル中も、リハーサル終了後も、シャークスとジェッツは決して私的な交流をしないように」と、ハッキリ言い渡したのです。

その決断は彼の頭のよさを示すものだと、ずっと思ってきました。ひとつに、相手は比較的、経験の浅い若者たちですから、だれがボスであるかを明確にすることが重要でした。もうひとつは、舞台で必要な2つの敵対するグループの間の緊張感は、こうすれば自然に生まれるという、すばらしい思いつきだったからです。この緊張感は不可欠です。それがなければ『ウエストサイド物語』には命が通わないのです。また、シャークスとジェッツの若者たちの根底にある縄張り意識、闘争意識をより深く理解するために、彼はその年の初めに出版された、非行少年をテーマとしたハリソン・エヴァンス・ソールズベリー著"The Shook-up Generation"(揺さぶられた世代)を読むようにと、強く薦めました。深く、真の理解を求めたジェリーは、わたしたちの敬愛の的でした。

ウインター・ガーデンでの3週間のリハーサルは苛酷そのものの厳しさで、わたしは打ちのめされました。こんな難しいステップは絶対に覚えられないと思いながら、毎晩、疲れ果てて劇場を後にしたものです。しかし、それ以外の選択肢はといえば、ステップを覚えず、キャストから外されることです。それだけは絶対、自分に許せません。一生に一度のチャンスが訪れていることはわかっていました。何が何でも挑戦に応えねばと心に誓いました。

3週間が経ち、準備ができていたかどうかは別にして、わたしたちはブロードウェイの内輪の人たちのまえで、初めてこの作品を試演しました。プレッシャーのないパフォーマンスです。粒よりのキャスト。厳しい練習。そして「切り札」がありました。チタ・リヴェラです。ブロードウェイ公演の『ウエストサイド物語』の初代アニタ役を演じた〝自然の猛威〟チタが、ロンドン公演にも加わっていたのです。その夜のチタは彼女自身として、またプロとして、観る者の目を釘付けにする存在でした。すべては見事に運び、〝同業の仲間たち〟の受けは最高。すばらしいスタートが切られたのです。

まばたきをしたと思ったら、わたしたちは全員チャーター機に乗っていました。全キャスト。ジェリーと助手。そしてわたしの旧友ハワード・ジェフリー。アーサー・ローレンツ。ハル・プリンス。スティーブン・ソンドハイム。レナード・バーンスタインだけを除く全員が英国のマンチェスターに向けて旅立ちました。マンチェスターでリハーサルを行い、ロンドンへ行く前のプレビュー公演を、その街の歴史を誇るオペラハウスで、1958年11月14日にオープンするのです。

マンチェスターのすばらしい人々は、街をあげてわたしたちを温かく歓迎してくれました。ただ街そのものは一日中、どんよりと暗く、〝豆のスープ〟と言われる厚い霧に閉ざされていました。チタのご主人で、自らダンサーで振付師でもあり、ロンドン公演でA―ラブを踊るトニー・モルデンテは、この霧に触発されたのでしょうか。この街に滞在中、最後まで、飽きることなくフランケンシュタインに扮した悪ふざけを仕掛けてきました。ドアの後ろから、あるいは木のかげから、彼が飛びかかってこないことが10分続けば、彼がどうかしたのではないかと、心配になるほどでした！

ある朝、午前11時からリハーサルが予定されていたのですが、豆スープの濃霧のおかげで、真夜中だと勘違いしてしまいました。危うくそれに気づき、ギリギリ数分前に劇場に駆けつけると、たまたまハル・プリンスがオーケストラピットで新聞のインタビューを受けていました。

話の全部が耳に入ってきたわけではありませんが、彼は次の発言をキャストに聞かせるつもりはなかったと思います。彼はこう言ったのです。「舞台のだれにも注意を向ける必要はない。このミュージカルそのものに集中してほしいのだ」。

プロデューサーが、キャストの自信を奪う、こんな言葉を口にしていいものでしょうか。来る日も来る日も、全身全霊を注ぎこんで舞台に立っている連中は目に入れないでいい？　意識を集中させるべき唯一のスターは『ウエストサイド物語』？　チタ・リヴェラが舞台に出ているときに、彼女に目が行かない観客がいるとでも言うのでしょうか？

耳にしたこのことを、直接、ハルにぶつけることは思いもよりませんでしたが、傷ついたことはたしかです。事実、ハルは、遠慮会釈のない発言をすることで定評がありました。彼についてよく言われる形容の1つは「ハル・プリンスはプリック」（訳注：prick「ゲス野郎」）です。容易ではありませんでしたが、ハルはどこまでもハルなのですから、そういう心ない発言は気にしないことにしました。またそのような発言にどんな意味があるのでしょう？　ハル・プリンスがどう言おうと、マスコミも観客も、彼らなりの『ウエストサイド物語』観を持つのですから。

たぶん、ハル以外はだれも驚かなかったと思いますが、マンチェスターの人々は、舞台とキャストの両方を楽しんでくれました。その反響はわたしたちを高揚させ、ロンドンへの移動を目前に、大きなはずみとなりました。

第四章　舞台『WSS』ロンドン公演

『ウエストサイド物語』のロンドン公演は、1958年12月12日、ハー・マジェスティーズ劇場で初日の幕を開けました。幕が上がるまえ、ジェリーは全キャストに熱のこもった激励スピーチをかませ、その夜、わたしたちは燃えに燃えてステージに飛びだしました。空席はひとつもなく、熱狂的なスタンディング・オベーションと、数え切れないほどのカーテンコールが、わたしたちの熱演に報いてくれました。

終演後、わたしたちはビシッと正装で決めて、サヴォイ・ホテルでの祝賀パーティに集まり、新聞の劇評を待ちました。ロンドン劇壇の権威ある人々が、わたしたちをすでに名を成した者のグループであるかのように迎えてくれました。そのなかには、他ならぬサー・ノエル・カワードの姿もありました。劇評は絶賛の嵐。名指しでだれよりも挙げられていた二人がチタとわたし

ロンドン到着当日。
1958 年。

ロンドン『ウエストサイド物語』公演の初日。マリーズ・ウォーターズ（" マリア ")とノエル・カワード。
1958 年。

で、思わず息が詰まりかけました。

エリザベス女王の妹君、マーガレット王女のための特別公演もありました。楽屋でお目にかかる光栄に浴したのですが、磁器を思わせる完ぺきな肌。非の打ちどころのない美しさは今でも忘れられません。

公演がロンドンに移るころには、ジェッツの一人、タイガーを演じているデイヴィッド・ビーンと仲良くなっていました。デイヴィッドの名付け親は、英国で広く愛されている俳優シリル・リチャードで、彼はメアリー・マーティン主演のブロードウェイ・ミュージカル『ピーター・パン』で、ミスター・ダーリング役と悪役フック船長を演じ、トニー賞を手にしたばかりでした。彼はもちろん、ジェリーとは懇意の仲です。『ピーター・パン』のすべてを企画し、演出したのはジェリーだったのですから。事実、シリルはロンドンのあらゆる人を知っており、彼らも彼を知っていて、敬愛の的でした。本当に愛すべき、心の温かい人でした。シリルと彼の〝コネ〟のおかげで、デイヴィッドとわたしは、イートン・スクエアをちょっと外れた、エクセルストン・ミューズ13番地という、高級番地の家を借りることができました。

こういう状況でしたから、そのころを振り返って、時々「夢ではないか」と思うことがあるのは当然かもしれません。

マーガレット王女とハー・マジェスティ劇場の楽屋で。ロンドン。1958年。

『ウエストサイド物語』ロンドン公演の舞台。リフ役。1959年。

ロンドンでの日々でただひとつの後悔は、浅はかだった自分が原因でした。

英国に発つまえ、まだニューヨークでリハーサルをしていたときです。リフとベルナルドが体をぶつけ合う決闘シーンで、ジェリーからボディパッドを付けるように注意を受けたのに、それに耳を貸さなかったのです。ジェローム・ロビンスの言葉にです。そのため体中があざだらけで、ロンドン公演がオープンした時には、その痛さで眠れない夜が何日も何日もつづいていました。

当時、不眠症にとてもよく効くという市販の新薬が出回っていました。「ドリデン」という薬で、何人かの友人から、のむといいと薦められたのです。薬局に行って試しに買ってみると驚きました。効果があったのです。それを買いつづけ、のみつづけました。あざが消えてからも、薬をやめるという考えは頭に浮かばず、言い訳になりますが、だれからもやめろという忠告はありませんでした。いま思い返しても、当時の世の中、そしてわたしは、ドラッグというものの情報を持たず、何と無知であったことか。処方箋はいらない。警告もない。効く薬は効くのでありがたい。いつも手元に買いこんでおく。この「バルビツールに代わる安全な薬」のことをもっと知ったときには、立派な薬物依存症になっていました。

この薬をFDA（食品医薬品局）がやっと「乱用におちいる危険性が極めて高い〝催眠性鎮静

剤〃。スケジュールⅡ薬品」と位置づけるまで、何年も何年も常用したのです。ドリデン依存から回復するため、カリフォルニア、ラグーナビーチの病院に2週間入院。その助けで、やっと縁を切ることができました。

ジェリーの忠告どおり、最初からボディパッドを付けていれば苦労はなかったのです。

ロンドンに着いた途端、わたしはこの街に恋をしました。初めて訪ねた街なのに、ここがわたしの家、この街の人間だと感じたのです。気質的にも、英国人は身近に思えました。ヒット・ミュージカルの一員として紹介される歓びのひとつは、ロンドンの演劇界に温かく迎え入れられ、居心地のよい、賑やかな社交の場に入れてもらえることです。

チタとご主人のトニーはチェルシーに美しい3階建ての家を持っていて、いつも限りなく明るいイヴォンヌ・オソン・ワイルダー（テレシータ役でチタの代役）と、ジェッツ・メンバーでスノーボーイ役のリッグス・オハラに部屋を貸していました。この家は終演後、みなが集まり、息抜きをするお気に入りの場所の1つでした。この家か、あるいは〃バクストン〃というお気に入りのパブにたむろしていないときは、長い招待リストから選んだ、並みではない方々の並みではないお宅にサンデー・ランチとか、終演後のパーティに招かれました。

このわたしが何と格式あるロイヤルコート劇場の俳優たちと親しく交流していたのです。まずはジョージ・ディバイン。リンゼイ・アンダーソンは、スローアン・スクエアのロイヤルコート劇場にかける、アルバート・フィニー、シャーリー・アン・フィールド主演の『リリーホワイト・ボーイズ（白百合のような男たち）』の振付けを頼めないか、と持ちかけてきました。そして光り輝くジル・ベネット。ピーター・オトゥール、アルバート・フィニーという、カリスマを放つ2人の新進スター。ただ同席しているだけでなく、彼らと仲間感覚で親しく話をかわすのです。表に出すまいとは思いましたが、内心、一度ならず、聖ルカ聖歌隊の一員として初めてMGM撮影所に足を踏みいれ、目を丸くしていたあの少年に戻った気がしました。そういう場に立っている自分が信じられず、感謝の涙を押し戻しかけたこともあります。

クリスマス・イブには勇気を奮い立たせ――というか、礼儀知らずもよいところで――イートン・スクエアのジュリー・アンドリュースの家のドアを叩きました。招待されたのではありません。チタがその夜のパーティに招かれていたのを知っていたからです。ジュリーに温かく迎え入れられ、チタとそれ以外のきらめくゲストたちも、わたしが来ることを知っていて、姿を見せるのを待っていたというように振る舞ってくれました。天にも昇る気持ちではありましたが、いま思うと、どうしてあんな厚かましいことができたのか。しかも、よりによってジュリー・アンドリュースにと、身のすくむ思いがします。

ファニー・カービィという、魅力的な英国の女優とは、とりわけ親しくなりました。彼女を知ったことはわたしの人生の幸せの1つで、ロンドン中の人も、彼女に対しては同じ思いを共有していたようです。彼女はあらゆる所に招かれ、どこに招かれても、わたしを誘ってくれました。そして、生涯の得がたい友人になったのです。忘れられないある日曜の午後、わたしたちはアビーロードに住む芸能記者ピーター・ノーブルと、夫人で女優のマリアンヌ・ストーン夫妻が開いた、気の置けないホーム・パーティに出かけました。

最初に目に入ったゲストは——見逃すことなど不可能なのですが——ダイアナ・ドース。英国が生んだマリリン・モンローです。グラマーそのもの。ソファに横たわるその身には黒のベルベットのロングドレス。長く、つややかなプラチナブロンドの髪。美しくマニキュアされたネイル。通りには〝DD〟という特注ナンバーを付け、フィンが張り出した大きな黒のキャデラックが彼女を待っていました。その見かけにもかかわらず、彼女がとても感じのよい〝人間〟だったことは、うれしい驚きでした。

それにも増して記憶に残っているのは、ファニーとパーティを辞そうとしたとき、ノーブル家の手入れの行き届いた裏庭に1人でぽつんと座っていた男性でした。グラスを手に、家に背を向けて座っている彼は、明らかに〝独りにしておいて〟と無言で発信していました。

わたしは気の毒になって、ファニーに彼を指さしました。

「ああ、あれはかわいそうなショーンよ。彼、仕事が見つからないの」

〝かわいそうなショーン〟はショーン・コネリーでした。彼はそのあと、仕事が見つかったようです。

思い出すと笑ってしまうのですが、公演を終えたある晩、3メートル先も見えないロンドン名物の霧が立ちこめていました。タクシーをつかまえるなど問題外。正しい道をたどっていることを願いつつ、文字どおり手探りで歩かねばなりませんでした。勘だけが頼り。何と時間がかかったことか！

友達と付き合う日々が、一時、中断しました。不満を言っているのではありません。サー・ローレンス・オリヴィエが司会をつとめる特別イベント、『100人のスターとの一夜』と銘打たれたガラ公演のリハーサルが入ったのです。「『ウエストサイド物語』に出ている、あの2人を入れようじゃないか」と、だれかが思いついたのです。二人とは、ベルナルドとリフ。つまりケン・リロイとわたしです。問題は、わたしたちをどう使うかです。

プロデューサーが、ケンもわたしも大歓迎のアイデアを思いつきました。わたしたち2人に、ウエストエンドのリリック劇場で『あなただけ今晩は』に出ていた英国の女優／ダンサー、エリザベス・シールを加えて、『パジャマ・ゲーム』のなかのボブ・フォッシーのナンバー、「スティーム・ヒート」を踊るというアイデアです。ケンはブロードウェイの『パジャマ・ゲーム』に出ていたので、この踊りは知り尽くしています。文句なし。フォッシーの名ナンバーです。ケン、エリザベス、そしてわたしは、3人おそろいのスーツにボウラーハットト。ただ、この帽子の扱い方がフォッシーならではの振付けで大変でした。わたしたちは楽しみながらも、死に物狂いの練習を重ねました。フォッシーが「スティーム・ヒート」のために思いついたハット・トリックは数え切れず、踊りながら帽子を落とすのではないかという、神経がすり減る恐怖が常について回りました。

本番は一度も帽子を落とすことなく、無事に終了。その夜を楽しんでくれた観客にはオードリー・ヘップバーン、ローレンス・ハーヴェイ。そして、その夜の話題の中心で、MGMでのわたしの学友だった、だれあろう気の遠くなるほどゴージャスなエリザベス・テイラーがいました。

エリザベスの隣には新婚早々の夫エディ・フィッシャー。「アメリカのスイート・カップル」と言われていたエディ・フィッシャーとデビー・レイノルズの結婚を破局に導いたとして、世界中から非難を浴びていた時に、エリザベスはそれを傲然と無視して出席したのです。彼女は一番前の席に座り、新婚早々の妻らしく、彼が歌う2曲をうっとりした表情で聴きいっていました。その2曲は「ユー・アー・トゥ・ビューティフル（君は美しすぎる）」と「ゼイ・オール・ラッフド（彼らは、みな笑った）」。あの夜のために、この2曲を選んだのは、一体どこの、だれだったのでしょうか。

1年以上の公演と、想像を超えたロンドンでの歓待がつづいていたころ、『ウエストサイド物語』が映画化されるという話が耳に入るようになりました。

当然のことながら、キャストの間では噂や憶測が熱病のように、ノンストップで広がり始めました。映画には舞台のわれわれが含まれるのだろうか？　そうでなければ、どういう顔ぶれになるのか？　劇場の掲示板には、毎日のように、事実か、ただのデマか、新しい情報がアップされました。

最初のキャスティングとして耳に入ったのは、エルヴィス・プレスリーがトニーを演じるというものでした。人の噂と掲示板によれば、『ウエストサイド物語』を製作するユナイテッド・アーティスト社とミリッシュ・ブラザースは、すでにエルヴィスに接触したものの、結局、彼のマネジャーのトム・パーカー大佐が、オファーを断ったということでした。

エルヴィスが候補から消えると、次に挙がった名前はロバート・レッドフォード、バート・レ

『ウエストサイド物語』ロンドン公演。ジェッツのメンバー、デイヴィッド・ビーンと。

ハー・マジェスティーズ劇場の楽屋で。ロンドン。1959年。

イノルズ、タブ・ハンター、ウォーレン・ベイティ、ラス・タンブリンなどなど…噂によれば、ラス・タンブリンはトニー役には向かないけれど、いいコだから、何かコレという役があった時のために残しておこう、ということだったとか。

マリア役として最初に候補にあがったのはエリザベス・テイラーでした。ブロードウェイでマリアを演じ、大成功を収めたキャロル・ローレンスもテストを受けましたが、結局、「歳を取りすぎている」という意見が通りました。彼女はエリザベスより実際は半年も年下だったのですが、映画界とはそういうところなのです。一方、エリザベス・テイラーは、だれが何と言おうとエリザベス・テイラーです。彼女を候補から外すわけにはいきません。もし彼女を得られなければ、ジェーン・フォンダか、オードリー・ヘップバーンか、スザンヌ・プレシェットか…。

そしてある日、これは本人から何度も聞いた話ですが、ロバート・ワイズは完成して間もない『草原の輝き』の一部を試写しました。ウォーレン・ベイティをトニー役に考えていたので、もう一度、ウォーレンをしっかり観ようと思ったのです。ところが試写が始まると、彼はウォーレン・ベイティのことはすっかり忘れて、その目はウォーレンと共演している、美しく、清楚なナタリー・ウッドに釘付けになったのです。試写が終わると、彼は明言しました。「彼女が我々のマリアだ」と。

一方、ロンドンでは、掲示板にこれらの映画スターの名が出れば出るほど、ロンドン公演のキャストが映画『ウエストサイド物語』に起用されるチャンスはないという諦めが広がっていきました…というとき、まったく突然、ユナイテッド・アーティストからわたしたちの5人に、スクリーン・テストをしたいという手紙が舞いこんだのです。

信じられませんでした。重要な役の候補に次々にビッグスターの名があがると、「やっぱり、我々にチャンスはない」と諦めてはいたのですが、一筋のかすかな希望がなかったわけではありません。そして今、その一筋の希望がふくらんできたのです。といって有頂天になったわけではなく、かすかな希望が用心深く芽生え始めたのです。

わたしの意気込みに水をかけることがひとつだけありました。わたしへの手紙は、リフとベルナルドの2役のテストをしたいので、2シーンの準備をしておくようにという内容でした。「ベルナルドは演《や》りたくない」というのが、そのときの反応でした。1年半、リフを演じつづけて、このキャラクターに愛情を持っていましたし、リフという人物の裏も表も知り尽くしていたからです。もちろん1年半も経っていたのですから、『ウエストサイド物語』とくれば、どのキャラクターであろうと、すべて知り尽くしていました。当時なら、アニタでもベイビー・ジョンでも、一度のリハーサルもせずに演じられたと思います。でもリフは、わたしだけのものという思いが強かったのです。

ブロードウェイでベルナルドを演じたのはケン・リロイで、ロンドンでもベルナルドを演じました。彼は友達付き合いを避けているのではなく、友達と〝つるむ〟のが苦手な性格でしたが、彼の演じたベルナルドは見事でした。彼と2人だけで、決闘の相談をする場面のリハーサルをしていたとき、わたしにこう言ったことがあります。「君はアカデミー賞を獲るよ」と。わたしは受け流しました。でも何と思いがけない、うれしいコメントだったか。それは、わたしが演じたリフのことで、ベルナルドのことではなかったのですが…。

ユナイテッド・アーティストがリフとベルナルドの2役をテストしたいというなら、それに応えるだけです。テストを見れば、わたしがリフ役に適していることが分かるはず。それ以外の結論があるでしょうか？（念のため、わたしはいつも直感を頼りにしていると言ってきましたが、100％正しいとは一度も言っていません）。

指定された日、ユナイテッド・アーティストから手紙をもらった5人―ケン・リロイ、リッグス・オハラ、イヴォンヌ・ワイルダー、デイヴィッド・ビーン、そしてわたし―は、スクリーン・テストを受けるため、ロンドン郊外のエルスツリー撮影所に車で送りこまれました。ベルナルド役のテストには、ケン・リロイの衣裳を借りました。リフ役のテストのときは、ライティングがよくなかった、という思いを引きずりました。真上からの強いライトは、だれにとってもよくないのです。そのとおりでした。後日、ロバート・ワイズ監督にやっと会えたとき、彼が真っ先に言ったのは「君の目の下のたるみを、何とかしないと」という言葉でしたから。(当時のわたしは27歳。たるみなどなかったと神に誓えます)。エルスツリー撮影所で胸を高鳴らせ、極度に緊張した長い8時間が終わると、わたしたちはアドレナリンが出っ放しのまま劇場に送り返され、その状態はその夜のステージのみならず、その先までつづきました。

そして今度も時は過ぎ去るばかり。その週も、翌週も。ユナイテッド・アーティストからも、ミリッシュ・ブラザースからも連絡はなく、耳を聾する静寂がつづきました。わたしたち五人は毎晩、楽屋の廊下ですれ違うたびに、「何か連絡が来た?」と尋ね合いましたが、だれのところにも連絡なし。ひと言も。無でした。

5、6週が過ぎたでしょうか。わたしたちは同じ結論に到達しました。「分かった。映画版『ウエストサイド物語』の話はここまで。少なくとも一度は挑戦できた。かなわなくて残念だけど、楽しい舞台公演はつづき、失業してるわけではない」。失望こそしましたが、不平を言う立場ではなかったのです。

2か月弱が経ち、楽屋で舞台に出る準備をしていると、楽屋口の電話にわたし宛の電話が入りました。相手はジェローム・ロビンスでした。

「君のテスト、気に入ったよ。もう少しテストをしたいんだが、1週間、舞台を休んで、ロスに来られるかい？」

どの役のテストをしたいのか、彼は言いませんでしたし、わたしも頭に血がのぼって聞き忘れました。映画に出るチャンスが、まだあったのだ！　ロスに行けば、1年半以上会っていない家族や友達にも会える！　ロンドン公演を1週間休む許可をもらい、わたしは翌日、ロサンゼルス行きの飛行機に乗っていました。

ロスの空港では、父と長いこと、固く抱き合いました。何と会いたかったことでしょう！　翌日、ロバート・ワイズとジェリーがオフィスを構えているゴールドウィン撮影所を訪ねました。ロバート・ワイズとは初対面でしたが、本当に感じよく対応してくれました。彼の説明で、スクリーン・テストは木曜日で、テストするのはベルナルド役。ジェリーが演出をするということがわかりました。

緊張しすぎて、リフ役が決まったかどうかは聞きそびれましたが、とりあえずはベルナルド役です。そっちに意識を集中しました。テストの相手役はバーバラ・ルーナという、とても魅力的な女優さんで、びん詰めにして売りたいほどの自信を持っていました。テストはうまくいったと感じましたし、またそう願いました。完全主義者で鳴らすジェリーも満足していたようでした。彼との時間は最高でした。日曜にはロンドンに戻り、月曜の夜は舞台に立っていました。そこに戻って、またリフを演じている幸せ。何も言うことはありませんでした。

そしてまた、(わたしと一緒に口をそろえて言ってもいいですよ)、何の連絡もない数週間が過ぎました。その間、折り目正しい紳士のロバート・ワイズは、こういう手紙をくれました。「何の連絡もせず申し訳ない。マリアのキャスティングが固まらないと、その兄役を決めることができないのでね」。

よく理解できる状況です。それで待つことがラクになったわけではありませんが、「別の方向を試してみることにしました」という、お定まりの婉曲な拒否レターをもらうよりはマシでした。

このときも、自分がいかに幸運かということはいつも頭にありました。大好きな『ウエストサイド物語』を、大好きな街、ロンドンの舞台で、大好きな友人たちに囲まれながら演じていたのですから。

それでも、神さま、映画の役は何としてでもほしかったのです!

1か月以上が過ぎました。

英国で暮らすうちに、テニス・ファンになりました。6月末から7月初旬にかけての2週間が過ぎて、テニスの腕前は一向に上達しませんでしたが、ちょうどそのころ世界最高の選手がロンドンに集結する、ウィンブルドン大会が始まりました。

ある午後、わたしは友人たちとウィンブルドンで、ロッド・レーバーとアラン・ミルズの試合を観戦していました。突然、説明がつかないのですが、今すぐ劇場に行かねばという衝動がわたしを襲いました。バカげた衝動です。楽屋入りは数時間も先ですし、わたしはロッド・レーバーの大ファンだったのです。でも抑えることのできない強い衝動でした。

試合の途中で競技場を抜けだし（後で知りましたが、試合はレーバーが勝ちました）、ロンドンを突っ切り、ハー・マジェスティ劇場の楽屋口に走りました。ジェローム・ロビンスからの電報が、わたしを待っていました。

「ナタリー・ウッドが映画版『ウエストサイド物語』のマリア役を演じるという正式契約を結んだ。おめでとう。君にマリアの兄、ベルナルドの役をオファーする」という内容でした。

天にも昇る気持ちとしか表現できない喜びに加えて、映画の仕事を手にしたロンドン公演のメンバーは、わたしだけでないことを知りました。デイヴィッド・ビーンはロンドン公演と同じタイガー役。ロンドンでテレジアを演じたイヴォンヌ・ワイルダーは、シャーク団の女の子の1

人、コンスエーロ役。ロンドンでの、わたしたちのベイビー・ジョンだったエディ・ヴェルソは、シャーク団の1人、ホアノ。ロンドンのA—ラブで、チタのご主人のトニー・モルデンテは、映画ではジェット団のアクションを演じることになりました。

わたしたちが恍惚状態になったことは言うまでもありません。さらに心を打たれたのは、すでに家族同然となっていたキャスト全員、そして代役たちまでが、わたしたちと同じ状態に陥り、心から成功を祈ってくれたことです。

映画に起用されたことに感謝し、心は躍ったのですが、その一方、こういうすばらしい仲間と共に舞台に立てなくなるのは寂しいことでした。

でも、またすぐ戻ってくるのです。映画版『ウエストサイド物語』で役を演じ、舞台を留守にするのは10週間だったからです。

しかし実際は、8か月に及びました。

第五章　映画『ウエストサイド物語』

『ウエストサイド物語』の冒頭シーン、プロローグはニューヨークのアムステルダム・アヴェニューとウエストエンド・アヴェニューに挟まれた68丁目で撮影されました。プロローグには女性は出ず、シャークスとジェッツの男たちだけです。宿泊はワーウィック・ホテルで、部屋割りを仕切っていたボブ（ロバート）・ワイズの助監、ロバート・レリーヤに感謝せねばなりません。わたしの頼みを聞きいれ、個室をくれたのです。身勝手と思われたくないのですが、1日の終わりは独り静かにすごしたいという性格で、リラックスして、いろいろなことを考える大切な時間なのです。そして何よりも、ジェリーが期待しているベルナルドになるには、できる限りの集中力が必要だとわかっていたのです。

ジェリーは、俳優がせりふとダンスステップを覚えるだけで、満足する人ではありません。自

ジェリー・ロビンスとのプロローグのリハーサル。1960 年。

West Side Story (1961) Directed by Jerome Robbins, Robert Wise
Shown from left on the set: George Chakiris, director/choreographer Jerome Robbins
United Artists / Photofest / Zeta Image

分が演じるキャラクターがどういう人間か。どういう過去を持っているのか。人生をどう生きようとしているのか。役作りを深めるためであれば、あらゆることを試み、キャラクターの心の奥に踏みこむことを求めていました。ロンドン公演のリハーサルをしていたある日でしたが、ジェリーはわたしを脇に呼び寄せ、「君のキャラクターの名が〝リフ〟なのは、なぜだと思う？」と尋ねました。答えていたとしても、何と答えたかは覚えていません。それまで考えたこともなかった問いかけでした。彼の意図は理解できました。わたしは、それから先、願わくは長い間、舞台で毎晩2時間、そのキャラクターに成りかわるのです。〝彼がどういう人間か〟、それを考えるべきでは？　奥の深い、挑発的な質問でした。リフの役作りをしながら、その質問を考えつづけましたし、ベルナルドの役作りにも、それと同じ心構えを持とうと心に誓いました。

毎朝、それも早朝、ワーウィックのコーヒーショップにシャークスとジェッツが部屋から下りてきました。元気いっぱいの熱く燃えた若者グループです。争うようにコーヒーとドーナツを胃に納め、ワイワイしゃべりながら、ロケ現場行きのバスが来るのを待ちました。

『ウエストサイド物語』のプロローグはご存じのように、ニューヨークの路上で、シャークスとジェッツが初めて対決するシーンで、ジェローム・ロビンスの振付けの特徴を知るのに最も適した場面だと思います。ジェリーはただのダンスナンバーのために振付けをすることは決してありません。彼にとって、すべてのダンスナンバーは〝動きを通してのせりふ〟で、物語を中断する〝音楽付きの中休み〟ではなく、物語の一部なのです。彼がステップを振り付ける相手はキャラクターで、俳優の役割をも果たすことになるわたしたちダンサーは、ただステップを踏むだけではなく、そのステップが持つ意味、体の動きが持つ意味を表現せねばならないのです。やさしいことではありませんが、練習を重ねて人前で演じるときに役立つ、すばらしくクリエイティブな方法です。

撮影初日、ロケ現場に到着すると、まずリハーサルに入りました。撮影期間を通じて、これが日々のルーティンになりました。『ウエストサイド物語』の最初のショットの撮影は、わたしが赤いレンガの壁をこぶしで突く場面でした。その場にいたのは、ごく少人数。わたし、ジェリー、ボブ・ワイズ、カメラクルー、メイクのエミール・ラヴィーニュだけ。彼らがわたしを取り囲み、緊張感のあるタイトなショットを撮るのです。体が触れあうほどの狭い空間がつくりだす親近感と緊張感。それがうれしかったし、カメラの向こう側にいるジェリーの存在を強く感じました。その瞬間がベルナルドにとって、いかに決定的なものであるか。それは俳優として理解できました。数メートル先から、ジェリーの目がレーザー光線のように注がれていることを感じ、わたしの気持ちは一段とパワーアップしました。彼がわたしに何を期待しているのかを感じ、頭のなかは〝それに応えたい〟という思いだけでした。

プロローグの撮影中に休憩が入ったとき、たまたまジェリーの横に立ったことがあります。彼は無言。わたしも無言。何を話せばいいのか。わたしも彼も言葉がありませんでした。彼もわたしと同じようにシャイだったのです。撮影再開の声がかかり、沈黙は破られました。〝ベルが鳴って助かる〟とは、あの時のことでしょう。あんなにも彼を尊敬していたのに、言うことが思い浮かばなかった自分が本当に腹立たしく思えました。

何年か経って、パラマウントで『ウエストサイド物語』の試写が行われたとき、ボブ（ロバート）・レリーヤの観客に向けた説明では、わたしが赤いレンガの壁にこぶしを突いているショットが、あの映画で撮った最初のもので、初めて人に見せたラッシュも、あのショットだったそうです。「ジョージを撮ったあの場面で、われわれはみな、〝この映画はイケる〟と感じた」と、ボブは言っていました。撮影現場の熱いパワーが、そのまま大スクリーンに写しだされたのです。満足以外の何ものでもありません。

正直に言ってリハーサルが始まるまで、別人が扮しているリフを相手に芝居をするのは、やりにくいのではないかと思っていました。1年半も自分がリフを演じてきたのですから。とんでもない。それは無用の危惧でした。ラス・タンブリンはリフを自分のものにしていて、スクリーン

ニューヨークのロケで、ジェローム・ロビンスにちょっとコーチを受ける。1960 年。

West Side Story (1961)
Directed by Jerome Robbins, Robert Wise
Shown on the set, in foreground from left: George Chakiris, director Jerome Robbins; background, from left: Jay Norman, Eddie Verso
United Artists / Photofest / Zeta Image

West Side Story (1961)
Directed by Jerome Robbins & Robert Wise
Shown in center: George Chakiris
United Artists / Photofest / Zeta Image

West Side Story (1961)
Directed by: Jerome Robbins, Robert Wise
Shown far left: George Chakiris; right foreground: Russ Tamblyn
Ernst Haas / United Artists / Photofest / Zeta Image

『ウエストサイド物語』の冒頭。ジェッツとの対決。1960 年。

に登場する最初の一瞬から最後まで、役をビシッと決めていました。彼との共演は本当に楽しい思い出です。役を演じるときに彼が見せる自信は周囲にも伝染。彼が実際は訓練を積んだ体操選手だということを考えると、より一層、感心の度合いが深まります。彼は、ジェリーが振付けのなかに、アクロバチックな要素を入れてくれることを願っていました。周囲のプロのダンサーと比べて、自分はレベルが低いのではないかと、ひそかに不安に思っていたようにも思えます。その不安は、試写を観たフレッド・アステアが彼のところに来て、彼を褒めてくれたことで消えたようです。フレッド・アステアに褒められるなんて、それ以上の賛辞があるでしょうか。おめでとう、ラス。皆さんのまえで、美しい感謝のお辞儀を決めて見せてください。

ジェリーの閃《ひらめ》きあるアイデアで、シャークスとジェッツは普段もまじわらないようにしていたものの、互いに相手を凹《へこ》ませようとして、それが楽しいおふざけの応酬に発展。撮影の進行に伴ってエスカレートしていきました。

一例を挙げると、プロローグを撮影した校庭や道路は周囲をアパートに囲まれていて、多くの住民がバルコニーに出て撮影を見物していました。ある朝、わたしたちがロケ現場に到着すると、ジェッツの仕業で、バルコニーの手すりに〝シャークスはゴミ！〟という、大きなバナーが掛けられていました。シャークスが即刻、そのバナーをバルコニーから取り外したことは言うまでもありません。

ある日、シャークスの一員、チリを演じているアンドレ・テイアーが、黒いレザーのリストバンドを着けてリハーサルに現れました。全員がカッコいいと思いました！　ジェリーも、ボブも、そしてコスチューム・デザイナーのアイリーン・シャラフもです。シャークスのメンバーは全員、早速、黒いリストバンドをこっそり買いこみ、ダンスホールの場面で、ジェッツに力を示すサプライズにしようということになりました。

シャークスがマンボを踊り始める一瞬がその場面です。ジェリーの演出で、シャークスは男も女もステージの片方に集まっています。その隊形を解いたシャークスは、ジムの床を横切るようにななめのラインをつくり、右腕を伸ばしておそろいのリストバンドを見せて、〝かかってこい〟と挑戦するように手のひらを突き出し、音楽に合わせて床を横切る。これがマンボ・ステップの出だしです。スクリーンの上でも、またスクリーンの外でも、ビジュアルに、またシンボリックに、シャークスがその力をジェッツに誇示する、とても重要な一瞬になりました。わたしたちは〝してやったり！〟と胸を張りました。

そのリストバンドは今でも持っており、何があろうと、手放すつもりはありません。もう一度、ありがとう、アンドレ！

ジェッツはこれに優るアイデアを思いつきませんでしたが、努力はしていました。2グループ間での罪のないアイデア合戦は、映画の撮影中ずっと終わることなくつづきました。相手をからかう新しい手を考えるのは楽しかっただけでなく、それは終始、2つのグループ間の緊張感を保ちました。それにしてもジェリーはなぜ「双方が親しくしてはいけない」と指令を出したのか。競争意識を持たせる裏で、もうひとつ、ボーナスを狙っていたのかもしれません。シャークスとジェッツ双方に、「ダンスでは、あいつらに負けないぞ」という意識を植えつける意図があったのではないでしょうか。

プロローグの撮影が行われていた時のニューヨークは38度を超える熱さにゆだっていました。ジェリーの振付けはスリリングでしたが、非常に難しく、体力を消耗するものでした。それも猛暑の中でひとつの通りから次の通りへ、力の及ぶ限り飛び跳ね、カッコを付けて歩き、脚を蹴り上げ、踊らなければならないのです。それでもわたしたちは最初からスゴい映画をつくっているのだと肌で感じていて、だれもが毎日、そして日々、力のすべてを出し切っていました。またジェリーの信じられないほど高い期待に応えなければいけないという決意—生存本能と言っていいかもしれません—に駆られていて、それを心底、楽しんでいたのです！

ある日の午後、ボブ・ワイズは言いました。「よし！　今のはよかった！　カット！　現像し

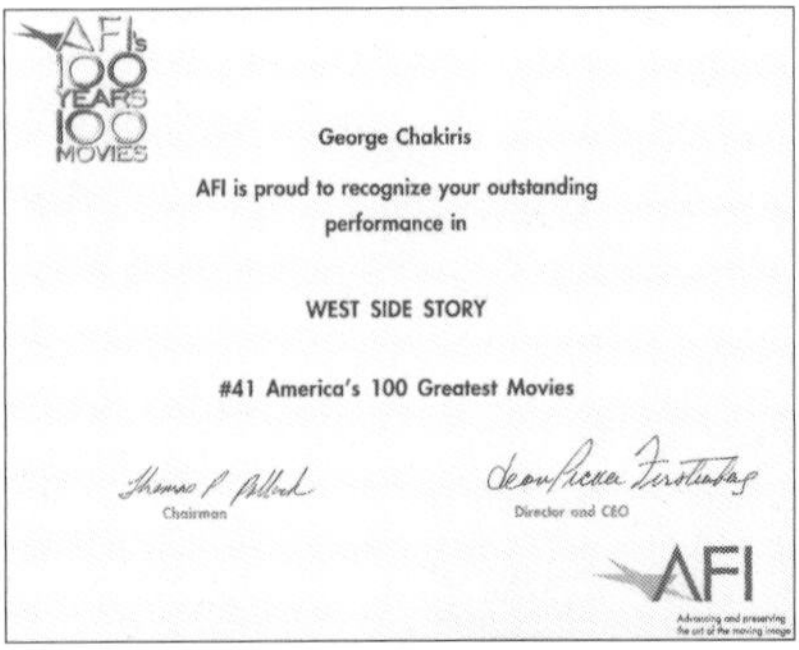
AFI's 100 YEARS 100 MOVIES

George Chakiris

AFI is proud to recognize your outstanding performance in

WEST SIDE STORY

#41 America's 100 Greatest Movies

Chairman

Director and CEO

AFI

Advancing and preserving the art of the moving image

AFI（アメリカン・フィルム・インスティチュート）からの賞状。

『ウエストサイド物語』の冒頭。有名な壁に手を突いているショット。

GEORGE CHAKIRIS
WEST SIDE STORY
Directed By: JEROME ROBBINS & ROBERT WISE
18 October 1961
The Mirisch Corporation / Allstar Picture Library / Zeta Image

ニューヨークの 110 番街。シャークスの垂れ幕を外そうと、避難階段を登っていくラス。

ろ！」。深い安堵と満足を与えてくれる言葉でした。

伝説によれば、このボブの言葉のあと、ジェリーがこう言ったとされています。「本当は、もう1テイク撮りたいんだ。ジェッツには、もう一方の脚で踊ってもらうよ」

ジェッツの何人かはこれを覚えていますが、何人かは覚えていません。ラスはそのとおりだったと誓っています。われわれシャークスは出番を終えていたので、その場におらず、真偽のほどは分かりません。もし事実であれば、共同監督だったボブ・ワイズが止めていたでしょうから、明らかに、事実ではないのでしょう。「もう一方の脚で」踊ったかどうかはともかく、ボブとジェリーは、その日の夜にはすべてに満足して、プロローグは"in the can"（訳注：フィルム缶に入る＝完成した）となったのです。そして、わたしたちは『ウエストサイド物語』の、それ以外の場面を撮るために、ロサンゼルスに向けて出発しました。

ハリウッドでは、足すと7になる番地のアパートを見つけて、サミュエル・ゴールドウィン撮影所でリハーサルに入りました。撮影もそこで行われるのです。最初のリハーサルでリタ・モレノに会いました。映画の中でベルナルドが愛を注ぐアニタ役です。彼女はそれ以来、わたしの生涯の友人になりました。

リタがノックアウト美人であることは、だれもがご存じでしょう。わたしも会った瞬間に、そう思いました。それはリタ・モレノについて言えることの、ほんの始まりにすぎません。彼女はそのときも今も、信じがたいほど嘘のないパフォーマーであり、女優です。撮影初日の最初の瞬間から、彼女ほど仕事に集中する人はいませんでした。アニタは難しい大役です。とりわけ、16歳のときから12年間も踊ったことがない彼女には試練でした。なのにスクリーンの上でも、それ以外でも、魅力にあふれていました。茶目っ気があり、ズバズバものを言い、集中力があり、人を笑わせる。毎日のランチは彼女と、それに負けず劣らず面白いイヴォンヌ・ワイルダーと行くことにしていました。イヴォンヌもユニークで独創的なユーモアのセンスの持ち主だったので、わたしたちの人気者。誰もが彼女のセンスを真似ようとしたものです。今でも懐かしく思い出すのですが、午前中の撮影がどんなに苛酷であっても、この2人の女性と約1時間、時を過ごせば楽しく笑ってストレスを解消できる。それで気分新たに、長くてつらい、汗まみれの午後の撮影に戻ることができたのです。リタはイヴォンヌの刺激で、プエルトリコ人の女性が、ミュージカル『ジプシー』のオーディションに挑戦するという、爆笑もののアイデアを思いつきました。「幕上がる。ライト点く」のようなせりふを、大げさに誇張した〝コテコテのプエルトリコ・アクセント〟の英語で言うのです。リタはそれをもとにグーギー・ゴメスというキャラクターを創作し、ブロードウェイの『ザ・リッツ』で自ら演じて、トニー賞に輝きました。

ナタリー・ウッドを初めて目にしたのは、リハーサルのために小道を歩いてくる彼女でした。彼女1人。お付きはいない。4歳から映画に出ているというのに、スターらしい雰囲気はまったくありませんでした。8歳でクリスマス映画の古典、『三十四丁目の奇蹟』に主演。その時点で、彼女はすでに実績あるプロの女優でした。『ウエストサイド物語』の撮影中、だれかが彼女を指して「あれこそがカメラ映えのするカメラ・フェイス」だと言っているのを聞きました。そう、そのとおりです。

『ウエストサイド物語』に出た時の彼女は23歳の若さでしたが、それまでに19年も、この世界の空気を吸ってていたのです。撮影中はよく、わたしたちの何人かを自分のドレッシング・ルームに招いて、くつろいだ時間を過ごしたり、彼女の好きなゲームを一緒に楽しんだりしました。どんなゲームだったかはよく覚えていませんが、何かを選択するゲームだったと思います。一度は撮影の合間の休憩時間に、名声とかお金、高級車、レストランの一番よい席など、俳優のキャリアがもたらす、有名人ならではのライフスタイルの話をしていました。最後にナタリーは軽く手を振り、あっさりと「そんなものは全部、つかの間のことなのよ」と言って、その会話を終わらせました。

見ていた限り、ナタリーがカメラの前以外でリチャード・ベイマーと言葉をかわしたことはなく、彼も彼女に話しかけることはありませんでした。彼はトニー／〝ロミオ〟で、ナタリーはマリア／〝ジュリエット〟だったのですから、当然、2人には一緒に演じる重要なシーンがあります。言葉をかわさない2人を見て、ボブ・ワイズがなぜ何も言わないのかが不思議でした。仲をとりもってもよいのではないかと。

リチャードの撮影が始まったのは、ジェリーが現場を去ったあとでした。ボブは何も口をはさまず、ナタリーは彼を無視。リチャードは孤独でした！

話によると、ナタリーはカメラの前では自分の声で歌い、あとから達人〝ゴースト・シンガー〟のマーニ・ニクソンが吹替えたそうです。（話は逸れますが、マルニ・ニクソンは『ウエストサイド物語』のサウンドトラックの売り上げから出る、印税のパーセンテージ契約をしていなかったので、レナード・バーンスタインが自分の印税の一部を彼女に分け与えました。彼女の仕事はそれに値するものでしたし、バーンスタインの配慮に頭が下がります）

歌が吹替えであろうとなかろうと、ナタリーが演じたマリアはどこをとっても、すばらしかったと思います。自分が演じるキャラクターの気持ちのすべてを、ただ言葉と表情・身振りで伝えるだけでなく、まるで体内から光が出るように、全身で発散するユニークな才能がありました。同じシーンを一緒に撮っていても、映画館の座席に座っていても、彼女が演じると、キャラクターが何を感じているかがわかるのではなく、一緒に感じられるのです。『ウエストサイド物語』をすべて撮り終えてから、何度かナタリーの家でくつろいだ時を過ごしたことがありますが、彼女はわたしにもう1つ、守るべきだったのに、守らなかったアドバイスをくれました。「時代物映画には絶対、出てはだめよ」というアドバイスです。これについては、追ってお話しします。

リチャード・ベイマーとは、わりに最近、ジムで出会いました。当然、話題はこの映画のことになり、彼はこう言いました。「ナタリーともっと話をすればよかったのに、しなかったんだ」。この長い歳月、彼女との間に距離をつくったことで、自分を責めつづけてきたような口調でした。わたしは『ウエストサイド物語』に関する限り、悔いることは何ひとつないと口調を強めました。彼は『ウエストサイド物語』の前に、『アンネ・フランクの日記』、モンゴメリー・クリフト、ジェニファー・ジョーンズ主演の『終着駅』、『青年』（原題「ヘミングウェイの冒険をした青年」）などの話題作で、十分な経験を積んだ俳優です。『ウエストサイド物語』でも、豊かな想像力を駆使。ステレオタイプにハマらない、魂をこめた見事な役づくりを見せたと思います。彼に元不良少年役を演じさせたのは、ミスキャストだという意見も多くありました。リチャード自身、自分はミスキャストだと思ったことがあったのではないでしょうか。ジミー・ブライアントが歌を吹替えたことも、それに輪をかけたと思います。しかし彼はトニーの役と真剣に取り組みました。現場のだれからも、ロバート・ワイズからさえも、何の助けも借りずに。

誤解を招かぬように言っておきますが、ロバート・ワイズはいろいろな面で秀でた人です。弱冠24歳という駆け出しの身で、オーソン・ウエルズの名作『市民ケーン』を編集したのです。限りなく親切で、正真正銘の紳士であるボブなのですが、監督としては、いささかコミュニケーションが足りないという部分がありました。ドラッグストアで決闘の相談をしている場面を撮っていたとき、小休憩があったので、わたしはボブのところに行き、「もう少し、演技的に何かつけ加えたいと思うんですが」と切り出しました。彼の答えは「そう。そうだな」。その後に「こうしたら、どうだ?」とか「そう、こうやってみては?」という言葉がつづくと思ったのですが、「そう、そうだな」だけ。それで終わりです。別のダンスシーンを撮ろうとしていたときには、ボブを敬慕していたリタが、わたしにささやきました。「彼がもう一度〝塩胡椒を少し効かせて〟としか言わなかったら、わたし、金切り声をあげるわよ」と。ですから撮影現場で孤独を味わっていたリチャード・ベイマーが、家に帰ってから、演技コーチのサンディ・メイズナーに電話でアドバイスを求めていたという話を聞いても、あまり驚きませんでした。

いろいろな悩みを抱えていたリチャードが初めてカメラの前に立つという撮影第一日目、『ウエストサイド物語』の製作を揺るがす、だれもが忘れられないショッキングな爆弾が頭上から落ちてきました。

でも、その日が来るのは先の話。そのまえに撮るべき場面が、まだたくさんありました。『ウエストサイド物語』のダンスナンバーで、とくに野心的で、観る者を興奮させるのは「アメリカ」です。

舞台の「アメリカ」は女性ダンサーだけで踊られます。映画では男性も加わるように変えられ、それによって、アメリカに移住してきてからの、いろいろな体験を歌って踊る男と女の陽気な掛け合いは、より一層、楽しいものになりました。舞台を映画に移す過程で、歌詞も一部、変えられました。舞台版でのエッジの効いた表現を和らげるためです。たとえば、舞台では“Puerto Rico, you ugly island, island of tropic disease...”(プエルトリコ、あの醜い島。熱病のはびこる島…)という歌の出だしは、映画では“Puerto Rico, my heart's devotion, let it sink back in the ocean...”(プエルトリコ、心から愛する島、また海に沈んでしまえ)となりました。その少し後の“And the babies are crying, and the bullets flying”(赤ん坊が泣きわめき、弾丸が飛びかってる)は、“And the sunlight streaming and the natives steaming...”(太陽の光が降り注ぎ、土地っ子は燃えてる)になりました。これらの変更はありましたが、このナンバーの持つ意図や活気が、いささかでも変わったり、損なわれたりしたとは思いません。

MGM スタジオでわたしとイヴォンヌ・オソン・ワイルダー。1960 年。

リハーサル中
のナタリー。

「アメリカ」の撮影は2週間半かかりましたが、最高でした。楽しかっただけでなく、ベルナルドがどういうキャラクターかを、はっきり示せたからです。あのナンバーでは、女たちが見ている前で男たちがハデに踊り、彼女たちをからかうのですが、わたしたち男性ダンサーには即興をまじえる自由が与えられました。どういう動きを加えるかは皆で相談しましたが、このクリエイティブな自由は本当に楽しいものでした。ジェリーも明らかに楽しんでいる様子で、ある日には、わたしたちがスタジオを出ようとしていると、「今日のあのノリ、とてもよかったぞ！」と声をかけてくれました。タイミングのよい、記憶に残るジェリーの〝カンフル剤〟でした。

「アメリカ」のリハーサルでは、もう1つ、ジェリーとの忘れられない思い出があります。このナンバーには、わたしたち男性三人がダブル・ピルエットのあるバリエーションを踊る部分があります。難しいステップではないのですが、わたしはなぜかそれに必要な力を引き出すことができず、ムリのないワン・ピルエットで済ましていました。やがてジェリーがそばに来て、静かな声で尋ねました。「ワン・ピルエットしかしないのかい？」責めているのではなく、丁寧に、おだやかに、わたしの注意を喚起する口調でした。気遣いのあるその態度に、わたしは感謝しました。もちろんカメラが回ったときには、「彼が見たことのない最高のダブル・ピルエットを見せてやる！」と意気込みました。ジェリーにしてみれば、他意のない軽い質問だったのでしょう

「アメリカ」でジェリー・ロビンスにダブル・ピルエットを見せる。1960 年。

が、勇気づけのみならず、彼から大切なことを学んだ事例の1つです。

舞台をスクリーンに移す過程で変えられたのは、歌詞だけではありません。サウンドトラック権を持っていたユナイテッド・アーティストとコロンビア・レコードは、彼らなりの検閲制度の指針を持っていて、それを守ることにとても神経質でした。今日の映画界・音楽界で受け入れられている基準から思うと、今ではほとんど噴飯ものですが、1950年代後半から1960年代前半の検閲制度は厳しく、すべてが注意深くモニターされ、問答無用の力を持っていたのです。

たとえば舞台ではリフとトニーが友情を確かめ合い、「精子からウジ虫になるまで」とお互いの、そしてジェッツへの忠誠を誓います。ここは「精子」という言葉が大衆の感性にひっかかるのではないかという明らかな配慮で、スクリーンとサウンドトラックでは「誕生から土に戻るまで」と変えられました。

ジェッツが歌う「クラプキ巡査どの」はもっと大きな修正を受けました。舞台での〝おやじはクソ野郎、おふくろはクソ女〟は、映画では〝おやじはおふくろを殴り、おふくろはおれをひっぱたく〟に。〝お優しいソーシャル・ワーカーさま、みんなはおれに、まともに働けと言うんだ。カウンターでソーダ水を注ぐ仕事とか。それってケツの穴野郎がすることだよね〟。ここは〝お優しいソーシャル・ワーカーさま、みんなが仕事を見つけろと言うんだ。カウンターでソーダ水を注ぐ仕事とか。それって、ぐうたら人間になれってことだよね〟と変わりました。〝精子〟が拒否されるのであれば、検閲官がこの歌の最後の1節に、ためらうことなくストップをかけた理由はおわかりでしょう。その歌詞は〝クラプキ巡査、ファック・ユー！〟ですから。ソンドハイムは〝クラプキ巡査、クラップ・ユー（クソ食らえ）〟と、歌詞をきれいにしました。彼の頭脳の回転には脱帽です！

『ウエストサイド物語』でダンサーの才能と、ジェリーの振付けのスゴさが最も発揮されたナンバーは、ジェッツと女たちが踊る「クール」でしょう。独創的で、観る者の感情をゆさぶり、目を見張るナンバー。踊る者にとっては〝ひざを使う〟ことの多い、難易度の高い振付けです。

スクリーンで「クール」が踊られる時間は4分半。完全主義者ジェリーのおかげで、撮影にかけた時間は3週間です。現場にはボブ・ワイズもずっといましたから、彼もジェリーのやり方に賛成していたということになります。

「クール」のシークエンスは通例どおり、いろいろなカメラアングルで撮られました。ただ、普通なら歌の途中のある場面だけを切りとって撮るのですが、ジェリーはテイク毎に、このナンバーを最初から最後まで、全部、踊らせることに固執しました。この場面の撮影が終わるころのジェッツたちのひざは、ひどい水膨れとマメだらけ。〝最初から最後まで通して〟というジェリーの頑なな要求がアタマにきたジェッツは、彼のドレッシング・ルームのまえに、ひざを守るニーパッドを積みあげ、それに火をつけました。

大変な撮影ではありましたが、スクリーンから感じるあのナンバーにみなぎっている迫力は、ジェリーでなければ生み出せなかったものです。彼がサディスティックだったということではなく、彼は何が「クール」を〝よいナンバー〟から〝スゴいナンバー〟に高めるかを知っていて、またそれを実現する方法を知っていたのです。あの場面の女性ダンサーだった1人、キャロル・ダンドレアは「あの場面にかけた時間は、1分たりとも無駄ではなかった」と言っています。

「クール」がやっと完成して〝缶に入った〟あと、製作オフィスから出てきた2人の男性がサウンドステージの脇の道で話しているのを、わたしは耳にしました。1人が相手に言いました。

「この映画、芸術性という面では成功するかもしれないが、興行的にはどうかなあ…」

撮影所の重役たちは撮影の進行には満足しているようでしたが、問題はチケットを買って、この映画を観にくる客がいるかということでした。それが心配？　脚本家のウィリアム・ゴールドマンは著書「映画業界の冒険」のなかの「芸能界での権力」という項で、こうのべています。

「究極の話、だれも何も知っちゃいない」のだと。

撮影が始まって3か月ほど経った日曜の夜でした。アパートでベッドに入ろうとしていた時、助監のボブ・レリーヤから電話が入り、撮影スケジュールが変更になり、翌朝はドラッグストアで決闘の相談をする場面を撮るという連絡をくれました。

別に構いません。スケジュールがくるくる変わるのは初めてではなかったし、気にもとめず、もちろん理由も聞きませんでした。

翌朝、理由を知って、わたしはただ呆然としました。

第六章　アカデミー賞

　月曜の朝、ドラッグストアの場面の準備をしていたときに、ニュースを伝えてくれたのはラス・タンブリンでした。スケジュールが変更された2日前の金曜日、ジェローム・ロビンスがクビにされたのです。

　ラスはうれしそうでしたが、わたしはまったく理解できず、ショックで言葉もなく、ジェリーの気持ちを思い、怒りを感じるだけでした。

　いったい何があったのか。ジェリーはこの分野で最も輝かしい振付師です。この映画の共同監督で、この映画を実現させたのは彼です！　ブロードウェイ公演とロンドン公演の両方を演出し、振付けました。その功績は関係ないのでしょうか？　そもそも、1947年のある晩、彼が自分のアパートで、レナード・バーンスタイン、アーサー・ローレンツと『ウエストサイド物語』を

リハーサルの休憩中、ジェリーを囲むシャークスとジェッツのメンバー。後列：ジェイ・ノーマン、ベティ・ウォルバーグ、わたし、イヴォンヌ・オソン・ワイルダー、トミー・アボット、ジェリー、エディ・ヴェルソ。前列：ミセス・ノーマン、デイヴィッド・ビーン、トニー・モルデンテ

誕生させたという事実は？　それも関係ないのでしょうか？　その彼を使い捨てに？　気は確かですか？　話によれば、ジェリーがユナイテッド・アーティストとミリッシュ・ブラザースとかわした契約書には、3か月後にジェリーの仕事ぶりに問題がある場合は、彼を解雇する選択権があると記されていたそうです。わたしは知りませんでしたが、その時点で撮影はスケジュールより遅れていて、予算もオーバー。わたしの耳には届きませんでしたが、映画は完成しないのではないかという噂が流れていたそうです。そして結局、好むと好まざるとにかかわらず、ショービジネスの理屈がまかり通ったのです。

ジェリーがだれよりも自分に対して厳しく、完全を求める人であることは、万人が認めています。リタはよく言っていました。「〝カット！　現像して〟という言葉を聞くのは、ジェリーには、さぞつらいでしょうね。〝もう1度、やり直せば、もっとよくなる〟と思う人だから」。ジェリーがクビになったと聞いたとき、リタはこう反応しました。「ジェリーは厳しかった。でもまた彼と仕事ができるなら、わたしは何をおいても駆けつけるわ」

ブロードウェイで初代のマリアを演じたキャロル・ローレンスは、ジェリーのことをこう言ったそうです。「だれもが彼の前で震え、恐れ、でも敬愛した」と。

ジェット団の一員で、例のプロローグの撮影のエピソード、「もう一方の脚で踊れ」の場にい

リハーサル中、ボブ・ワイズに特別のケーキを贈ったシャークスとわたし。1960 年。

『ウエストサイド物語』が封切られた N.Y. リヴォリ劇場の大看板。1960 年。

た1人は、感慨をこめて言いました。「神をクビにすることができるのか?」

ナタリー・ウッドは、彼女のためにジェリーが工夫した演出、とりわけマリアがバルコニーでトニーのことを夢見がちに想う、美しいシーンを創ってくれたジェリーへの感謝が深く、もし彼がクビになるなら、自分もこの映画を降りると抗議したそうです。

ジェリーの家に行って、解雇を宣告するという任務を負わされたウォルター・ミリッシュは、キャリアのなかで、それが一番つらい日だったと語っています。

クビになって打ちのめされたジェリーの最初の反応は、この映画から自分の名前を外してくれということでした。彼がウォルター・ミリッシュと言葉をかわすことは二度となく、それどころか、二度と映画をつくることもありませんでした。ダンス界、また映画界にとって、何と大きな損失でしょう。彼の演出、彼の振付け、彼の存在なくして『ウエストサイド物語』が、このようなセンセーションを巻き起こすことはなかったと、わたしは信じています。

ハワード・ジェフリーも忠誠心から、ジェリーと共に『ウエストサイド物語』を去りました。彼の立場だったら、わたしも同じことをしたと思います。ハワードのジェリーへの忠誠は称賛されるべきです。彼ら二人にとって、どれほど大きな打撃で、どれほど傷つくことだったでしょうか。

この得がたい人の側に立って、わたしが怒りを感じることのひとつは、会社側はジェリーから必要なものを、すべて取り込んでいたということです。未撮影だったのは、ジェリーがすでに振付けとリハーサルを終えていた2シーン。ダンスホールと最後の決闘場面。そしてナタリーとリチャードの場面です。二人の芝居の場面は、とくにジェリーの演出を必要としません。必要な仕事を終えていた彼を手放しても、不都合はなかったのです。

トニーとマリアがダンスホールで初めて出会う場面に、ボブ・ワイズは60テイクを要しました。〝60〟です。決闘の後、エニーボディース（スージー・オークス）がトニーに逃げろと言いにくる場面では、ボブは16テイク、カメラを回しました。なぜ撮り直すのか彼女には何の説明もなく、すでに撮ったテイクのどこが悪いのかの説明もありませんでした。ジェリーが独断的で、時間をかけすぎたと言えるでしょうか？

2018年、ジェリーの生誕100年に、パーレイセンターで開かれたジェローム・ロビンス追悼会に招かれる光栄に浴しました。何年か彼と体験を共にしたわたしが、公の場でわ゙だじな゙り゙の考えを述べられる機会を得たのはうれしいことでした。わたしは一度として、ジェリー・ロビンスが声を荒らげるのを聞いたことはなく、またどんなときも、品位と敬意のある態度で接してくれました。ジェリーのことは何度もチタと話す機会がありましたが、彼女もまったく同じことを言っていました。

　彼には、ただ尊敬の念しかありません。

　ジェローム・ロビンスのニュースはわたしたち全員を動揺させましたが、それでも彼のいない第一日目、そしてリチャード・ベイマーがカメラの前に立つ第一日目、わたしたちは何とかドラッグストアの場面を撮り終えました。気の毒なリチャード。何というタイミング。しかし彼は立派に役目を果たしました。

　ジェリーがいなくなってからは、トニー・モルデンテ（アクション役）がジムのダンス場面のコーチを務め、記憶が正しければ、ラスのために体操の動きも取りいれたようです。またアイリーン・シャラフは、わたしと観客にこっそりウインクを送るように、その場面のわたしのスーツをシャークスキンでデザインしてくれました。あの黒のスーツと紫色のシャツを見ると、ある晴れた日、セットに向かって撮影所の通りを歩いていたときのことを思い出します。突然、雷に打たれたように、ベルナルドがジムのダンスシーンで着る、アイリーンがデザインしてくれたコスチュームが頭に浮かんだのです。体を小突かれたような、ゾクッと震えるような感覚でした。彼女のコスチュームが、わたしをベルナルドにしてくれたのです。誇り高くて、エレガント。それがベルナルドです。ジェリー・ロビンスがキャラクターを考えて振付けをするように、アイ

グローマンズ・チャイニーズ劇場でのプレミアのあと、
ココナッツ・グローブでリタ・モレノと。1962 年。

『ウエストサイド物語』王室主催上映会でエリザベス女王と。1962 年。

『ウエストサイド物語』王室主催上映会で、リチャード、ラス、レスリー・キャロンと。

ゴールデン・グローブ賞授賞式で
シャーリー・マクレーンと。1961 年。

ゴールデン・グローブ賞授賞式で
ジャネット・リーと。1962 年。

リーン・シャラフもキャラクターのために衣裳をデザインしていることに、初めて気がつきました。彼女はキャラクターの魂とつながって、そのうえでプロの技を発揮して彼らを表現するのです。舞台とスクリーン両方の世界で、彼女が史上、最も優れたデザイナーの1人でありつづけていることが納得できます。

付け加えると、誇り高く、エレガントな気分になるそのスーツを着ながら、わたしはジムのダンス場面で、2度もズボンを裂く失態を演じました。1本をダメにしたので、たった1本の予備にはき替えたのですが、それも裂いてしまい、仕方なく、黒のズボンの下に黒のタイツをはいて全場面を撮り終えました。そうしなければ、全場面が検閲にひっかかり、切られてしまったでしょう。

ロバート・ワイズは共同監督のジェリーがいなくなったあと、驚くほど見事に全体の指揮にあたりました。それまでのボブは、2人の監督のうちの、いわば〝父親役〟でした。フロアに出て、俳優たちを動かすのはいつもジェリーで、ボブは後ろに下がって、その場を見守っていました。ボブにとって前面に出るのは、大変な立場の違いだったでしょうが、その苦労を微塵も見せず、状況の変化をできるだけスムーズに処理して、わたしたちがまえに進みつづけられるよう、気を配ってくれました。

能率のよい仕事ぶりで、やるべきことを完全に果たしていたのです。そのいい例は、ジェット団がアニタを残酷になじるドラッグストアの場面です。リタとジェッツは約3時間、あの場面の芝居と振付けのリハーサルをしたのですが、リタは途中で神経が破綻して、嗚咽がとまらなくなりました。

リタはアニタというキャラクターに非常に近いものを感じていて、「アニタはわたしよ」と、よく言っていました。鋼鉄のように堅固なプライドを持った、勝ち気で強いヒスパニックの女性です。リタは幼少のころ、よりよい暮らしを求める母親につれられて、プエルトリコからニューヨークにやってきました。彼女はたちまち〝スピック〟と差別され、いじめられ、のけ者扱いをされました。自分は何も悪いことをしていないのに…彼女の自尊心は砕かれました。その偏見と闘い、打ち勝ったと思っていたのに、ジェッツが彼女を取り囲み、粗暴なあざけりを浴びせるドラッグストアの場面で、過去の記憶と、胸に押しこめていたはずのトラウマが一挙によみがえり、心が壊れてしまったのです。その場にいたジェッツのメンバーは懸命に彼女をなだめようとしましたが、嗚咽はとまりませんでした。

こういう場合、監督によってはただイラついて、撮影の遅れで時間と予算がどのくらい被害を受けるかということだけを考える人がいます。ボブ・ワイズはリタのことだけを考えていました。早めにランチタイムを宣言し、彼女のそばに座って親身に彼女の言葉を聞き、彼女を勇気づけました。そのシーンのためだけではありません。心を強く持ち、いじめようとする卑怯者に立ち向かい、彼らを勝たしてはいけないと、生き方全般に及ぶ勇気づけをしたのです。

その効果は絶大でした。カメラが回りだすと、リタは自分を取り戻しただけでなく、それまでを超える演技を見せました。ボブが心を尽くして、リタを本来の強い女性に立ち直らせたおかげで、このシーンのアニタは、彼女のしめのせりふのとおり、ジェッツがあなどれない強烈なキャラクターになったのです。

何十年かあと、ロバート・ワイズ追悼会に出席しました。彼の多大な功績が紹介され、相次ぐ登壇者が、編集者として、監督として、また人間としての彼のことを語りましたが、正直な話、時間が経つにつれ退屈になってきました。だれのスピーチも、ボブ・ワイズがいかに礼節に富んだ、いい人であったかという内容で、しまいには、舞台に上がってマイクに向かったら、ただ「同文です」と言ってくれないかと思ったほどです。

映画『ウエストサイド物語』の撮影のために、ハー・マジェスティーズ劇場からもらった10週間の休みは、結果的には8か月になりました。ロンドンの舞台に戻り、再びリフを演じ、舞台の友達、それ以外の友達のもとに戻るのです。一方では、映画撮影を通じて親しくなったキャストやスタッフの大切な友人たちとは別れねばなりませんでした。

映画撮影はまたとない体験でしたが、またリフに扮し、ストーリーの流れどおりにドラマを演じ、撮り直しも、やり直しも、待たされることもなく、そして生の観客のまえで演じられる幸せは格別でした。最初の夜、舞台に出て、そこに戻ることをいかに求めていたかを痛感しました。

一方、映画の撮影自体は更に1か月も続き、その後、編集作業などの長い仕上げ期間に入るのです。映画についてのいろいろな噂が業界全体に広がり始めました。胸が高鳴ることでもあり、神経がすり減ることでもありました。映画が観客に受けるかどうか、その予測ほど難しいものはありません。周囲がどんなに騒ぎたてても、映画そのものが観客に受けなければ映画館は満員にならないのです。「この映画、興行的にはどうかなあ」というあの言葉を、頭から払いのけることができませんでした。『ウエストサイド物語』がヒットに値する作品であり、それに関わった我々のすべてが誇りに思っている映画であることに疑いはありませんでしたが、この業界では〝ヒット間違いなし〟と言われた映画に、観客がまったく来なかったという例は昔から山ほどあるのです。

映画のプレミアが近づき、落ち着きを失い始めたのは、わたしだけではありませんでした。チケット代が1人5ドルということを知ったリタは、そんな値段では客席に座っているのは、我々関係者だけだろうと言い切りました。

実際は、わたしはプレミアを待たずに、この映画を初めて大画面で観ることができたのです。友人のドルューが、テレビのバラエティ番組『ゲイリー・ムーア・ショー』にダンサーとして出ていて、わたしが番組のゲストに招かれたのです。番組のレギュラーの1人は、恐るべき才能のエンターテイナー、キャロル・バーネットでした。わたしをも含めて、周囲のあらゆる人と旧知の友人のように接する女性です。

そのドルューとキャロル・バーネットと一緒に、ニューヨークのリヴォリ劇場の2階席で、わたしは初めて映画『ウエストサイド物語』を観ました。観客は映画を楽しんでいたようですが、わたしの反応は、自分でも予想しなかったものでした。端的に言えば無反応だったのです。圧倒されすぎてしまったのか……あまりにも身近すぎたのか……自分でも分かりません。画面に何のつながりも感じられず、ただ席に座って、ながめているという状態で、特別な映画だとか、自分がそこに出ているということも感じられませんでした。いったい、どういうことなのか……観客が楽しんでくれて、よかったと思うだけでした。

映画『ウエストサイド物語』は1961年10月18日、ニューヨークのリヴォリ劇場で正式に封切られました。映画評はわずかな例外を除いて、息がとまるほどの絶賛の嵐でした。

〝すばらしいショー。ミュージカル映画の金字塔。大ヒット作。最上級の褒め言葉が空しいと思えるほど見事…　ナタリー・ウッドは今日、もっとも注目すべき若手スターの地位を確立した…敵対グループのリーダーを演じたラス・タンブリンとジョージ・チャキリスもセンセーショナル…　リタ・モレノにも目を見張る…〟（「ハリウッド・リポーター」）

〝極めつきの名作…　とりわけ驚くべきは、目もくらむジェローム・ロビンスのダンスナンバーの衝撃とエネルギー…　ナタリー・ウッドは輝きと魅力に満ちている…　ミス・ウッドの忠実な友人を演じたリタ・モレノは鉄火な女そのものであり、彼女の愛の対象で、敵対グループのリーダーに扮したジョージ・チャキリスは誇り高く、雄々しい〟（「ニューヨーク・タイムズ」）

〝美しく繰り広げられ、感動に訴え、暴力にも満ちたミュージカル。切実な社会問題と、真実を突くリアリズムへの鋭いアプローチは、これからの芸術表現のあり方への指針となるだろう。パフォーマンスの面で最も注目すべきは、たぶん、ジョージ・チャキリス…　役どころを超えた演技を見せたタンブリン…　チャキリスを愛する女を演じたリタ・モレノは火の玉のようなキャラクターを演じ、同様に点数は高い〟（「バラエティ」）

映画評論家のポーリン・ケイルはこの映画にあまり乗らず、ダンスは〝薄笑いを感じる不快なロマンチック・バレエ〟。せりふは〝痛ましいほど時代遅れで、感傷的〟。ナタリー・ウッドはあまりにも凡庸で、愛の想いをすべてぶち壊しており、映画そのものは〝客受けを狙った狂乱〟であると評しました。

しかし観客は〝映画の審判役はわたしたち〟という、いつもながらの立場をとり、興行成績は、わたしたちの期待をはるかに超えたのです。そしてこの本を書いている今も、『ウエストサイド物語』はミュージカル映画として、最も高い興行成績をあげた作品となっています。

世界各地での試写や初日のニュースにも心が躍りました。クライマックスと言うべきは、1962年2月26日の夜、レスター・スクエアで女王陛下ご臨席のもとに開かれた王室主催の上映会です。ラス、リチャード・ベイマー、ボブ・ワイズ、そしてわたしは女王にご挨拶する場合に備えて燕尾服をレンタル。客席で映画を観ました。こう記すのは、ネットに上がった事実に反する、でたらめな〝情報〟を正すためです。リチャードが映画の途中で席を立ち、会場を出ていった事実はありません。『ウエストサイド物語』の経験は、彼には必ずしも楽しいものではなかったと本人も言っていますが、彼は最後までラスとわたしと一緒に映画を観ました。紳士である彼が礼儀に反することをするわけがありません。

まったくの偶然でしたが、王室主催の上映会が催されたこの日は、ロサンゼルスでオスカーのノミネーションが発表された日でもありました。わたしたちはみな、そのことを少なからず意識していて、受賞を期待することが怖く、でも、それを願わないことは、これまた不可能でした。休憩時間に、わたしは劇場のバーに足を向けました。

バーに入って数秒後、ボブ・ワイズがわたしのほうに、人をかきわけて近づいてくるのに気づきました。彼は、ただほほえんでいるだけでなく、満面の笑みを浮かべていました。「どうしたんですか？」と尋ねると、彼は言いました。

「こう言っても、君は信じないぞ」

そのとおりでした。おおかたの〝できすぎた話〟がそうであるように、信じられないものでした。

ボブはカリフォルニアに電話をして、オスカーのノミネーションを確認したのです。『ウエストサイド物語』は――11部門、、――にノミネートされたのです。最優秀作品賞。最優秀監督賞。最優秀助演女優賞――リタ・モレノ。最優秀助演男優賞――わたしが含まれていました！

家族や友人たちとの尽きない握手、ハグ、そして祝福の電話。マスコミの記事。「アカデミー賞にノミネートされた」ことを、自分が受け入れられるまでには何日もかかりました。

1962年度のアカデミー賞授賞式は4月9日、サンタモニカの市民ホールで行われました。わたしはリタをエスコートしました。彼女はフィリピンで、彼女の表現を借りれば〝くだらない戦争映画〟の撮影をしていて、そこから戻ったばかりでした。（彼女からは何事も感想を聞き出さないほうが無難です！）わたしもハワイでチャールトン・ヘストン、イヴェット・ミミュー、ジェームズ・ダレンと『ダイアモンド・ヘッド』という映画を撮っていて、帰国したばかりでした。しかし、時差ボケの歴史上、最悪の2つの時差ボケをもってしても、その夜の興奮をそぐことはできませんでした。

リタはノミネーションの発表と同時にマニラであつらえたというドレスをまとい、眩いばかりのゴージャスな装いでした。わたしたちは叶わないと思いつつも『ウエストサイド物語』が作品賞をとり、またボブ・ワイズとジェローム・ロビンスが監督賞をとることを、心から祈っていました。わたしたち自身が受賞する可能性については、2人とも受賞スピーチの準備もしておらず、サンタモニカへの長いドライブの間にさえ、考えようともしませんでした。その代わりに練習したのは〝落選者の表情〟です。笑顔に見せかけようと歯を見せている、例のこわばった表情です。カメラに撮られているかもしれず、〝わたしでなく、あなたが受賞してうれしい〟という、あり得ないメッセージを表している表情です。

〝映画のファミリー〟との再会は最高でした。全員が光り輝き、結果とは関係なく、その夜を楽しもうとしていました。ノミネートされただけで光栄でした。とりわけうれしかったのは、その幸せな夜にジェリーに会い、あのすばらしい笑顔をまた見られたことです。『ウエストサイド物語』を祝う授賞式に出席する資格を持っていたのは、わたしに言わせてもらえば、だれよりも彼なのですから。

授賞式前のもみくちゃ騒ぎには目が回りました。レッドカーペットを歩き、写真を撮られ、次々と短いインタビューを受け、古い友達や知り合い、また、わたしを知っているらしい見知らぬ人たちに、知ってるふりをして挨拶をしたり…そして、やっと席につきました。その夜の司会者のボブ・ホープが舞台に登場。こうしてショービジネス最大のイベントがスタートしました。

ホッとしたことに、最優秀助演男優賞は最初の受賞部門でした。早く終われば、それに越したことはありません。心臓は高鳴り、息は苦しく、リタと練習した〝落選者の表情〟を思い返そうとしました。「最優秀助演男優賞の発表です。お美しいシャーリー・ジョーンズをお迎えください」という、ボブ・ホープの言葉も上の空でした。

最優秀助演男優賞を贈呈するために、いつも変わらず美しいシャーリー・ジョーンズが舞台に登場。候補者の名前を読みあげました。わたしは身を固くし、映画にハマったツーソン時代の幼

オスカーの夜。1962 年。

い自分に戻り、いてはならないスーパースターの集まりにまぎれこんでしまったような感覚を味わっていました。

「『ニュールンベルグ裁判』のモンゴメリー・クリフト。『ウエストサイド物語』のジョージ・チャキリス。『ハスラー』のジャッキー・グリーソン。『ポケット一杯の幸福』のピーター・フォーク。『ハスラー』のジョージ・C・スコット」

「受賞者は……『ウエストサイド物語』のジョージ・チャキリス」と聞いた瞬間の反応を言葉にすれば、あれが〝体外離脱体験〟というものなのでしょう。受賞を予期していたか、と大勢の人に聞かれましたが、答えは〝ノー〟です。宝くじを買うときと同じ。当たってくれればと願いはしても、そんなことはあり得ないと思っていました。

わたしは何とか席を立って舞台に上がり、シャーリーからオスカー像を受けとり、まったく準備をしていなかったために、こう口走ったようです。「あまり長くはしゃべりません。本当に、本当にありがとうございました」。決して人々の記憶に残るスピーチではありませんが、少なくとも、長すぎたという非難は受けないと思います。

茫然自失の状態でオスカー像を手に舞台を下り、プレスルームに連れていかれ、やっと何とかリタの隣の席に戻ったことは、かすかな記憶でしかありません。事のなりゆきにリタもわたしと

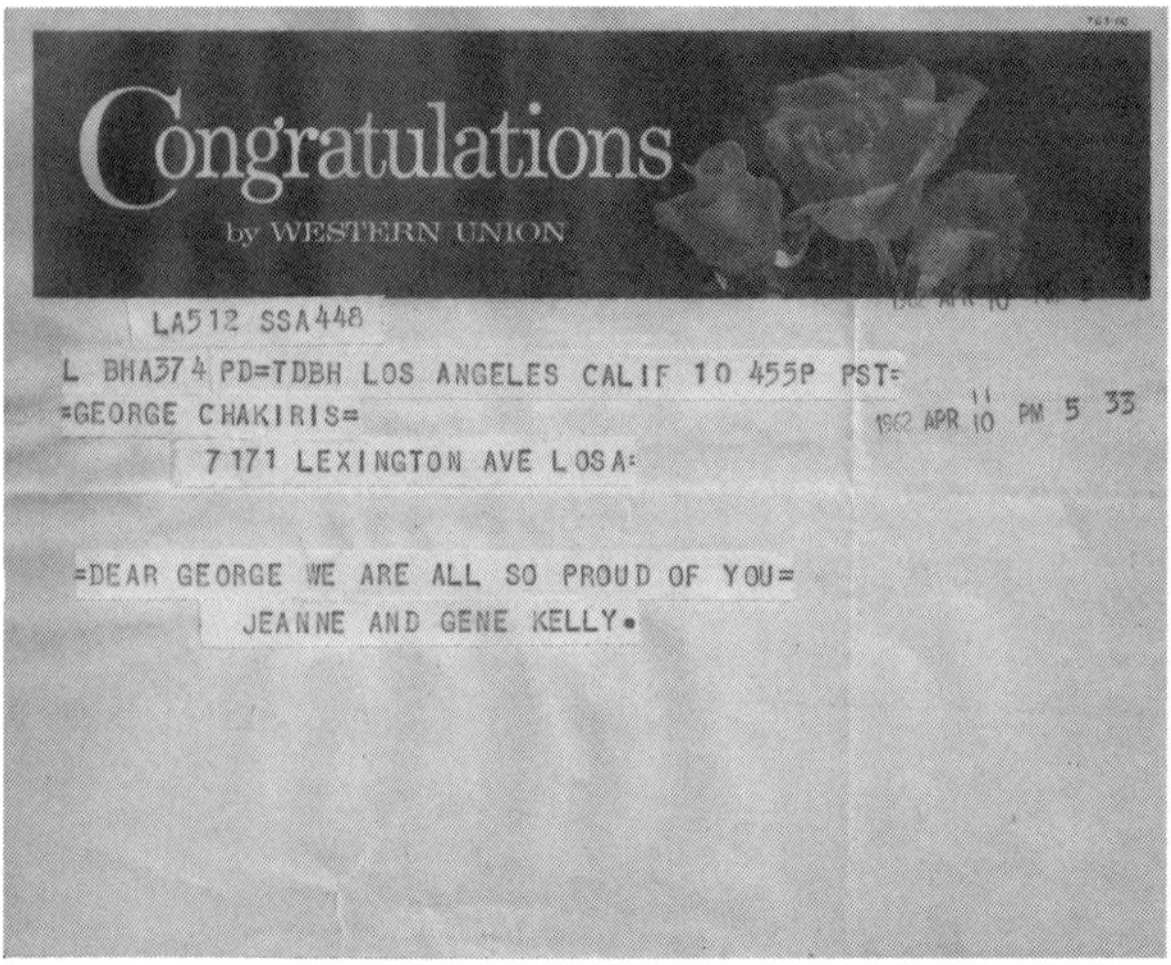

Congratulations
by WESTERN UNION

LA512 SSA448

L BHA374 PD=TDBH LOS ANGELES CALIF 10 455P PST=
=GEORGE CHAKIRIS= 1962 APR 10 PM 5 33
7171 LEXINGTON AVE LOSA=

=DEAR GEORGE WE ARE ALL SO PROUD OF YOU=
JEANNE AND GENE KELLY.

ジーンとジーン・ケリーからの祝電。

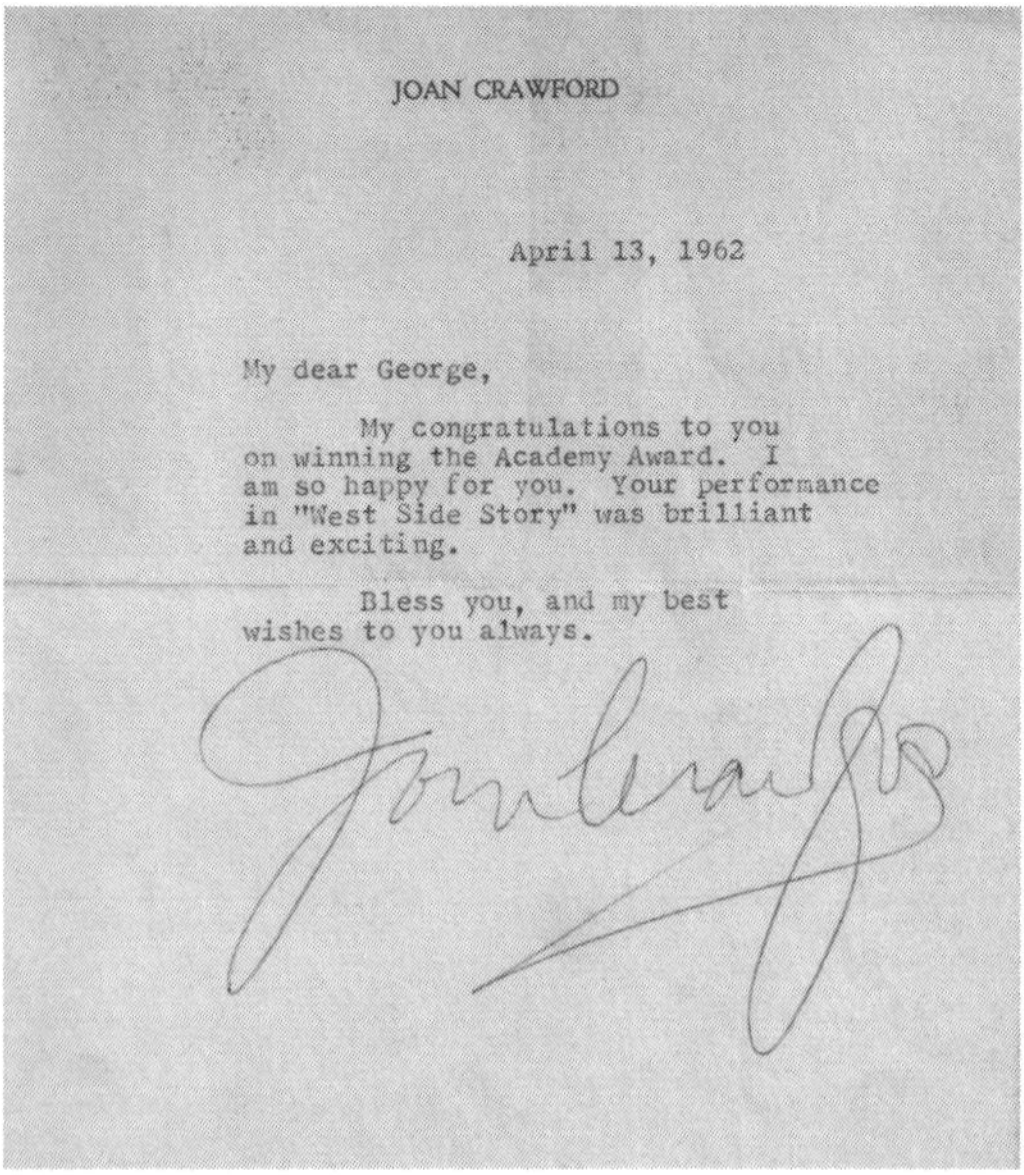

JOAN CRAWFORD

April 13, 1962

My dear George,

My congratulations to you on winning the Academy Award. I am so happy for you. Your performance in "West Side Story" was brilliant and exciting.

Bless you, and my best wishes to you always.

ジョーン・クロフォードからの祝辞。

同様、息がつけない様子でした。

アカデミー賞受賞が夢のようであったことに加えて、オスカー史上、わたしがその時点で、最優秀助演男優賞を獲った俳優の中で最年少だったことを、あとで知りました。大きな名誉であり、深い謙虚の念に包まれることでした。

興奮状態まだ半ばという時に、最優秀助演女優賞を発表するロック・ハドソンが舞台に登場して、マイクの前に立ち、候補者のリストを読みあげ始めました。

「『噂の二人』のフェイ・ベインター、『ニュールンベルグ裁判』のジュディ・ガーランド、『ストーン夫人のローマの休日』のロッテ・レーニャ、『夏と煙』のウナ・マーケル、『ウエストサイド物語』のリタ・モレノ」

「受賞者は…」と言いながら、封筒を開くロック・ハドソン。

隣の席ではリタが体を硬くして、〝受賞者は彼女よ〟と言いつづけていた、ジュディ・ガーランドの名が読みあげられるのを待っていました。

ですからロック・ハドソンが「『ウエストサイド物語』のリタ・モレノ」と発表したとき、リタはまったく予期していなかった驚きに大きく息をのみ、次の瞬間、わたしと無我夢中で抱きあい、舞台に駆け登りました。ロック・ハドソンから最優秀助演女優賞を受けとると、何のスピーチも準備していなかった彼女は「信じられません！　ウソみたい！　言うことはそれだけです」と、たったそれだけ言って、彼女はロックにエスコートされて舞台の袖に消えました。

今日に至るまで、リタはあまりにも短かったスピーチのことを悔やみつづけていますが、わたしは気にするなと言っています。重要なことは、わたしの共演者、わたしの友達であるリタ・モレノが、アカデミー賞を手にした最初のヒスパニック系の女性だったということです。それで十分です。

授賞式はとどこおりなく進み、オスカーが次から次へ『ウエストサイド物語』の候補者の手に渡されていきました。最優秀音響賞―フレッド・ヘインズ。最優秀美術賞―ヴィクター・ガンジェリンとボリス・レヴェン。最優秀編集賞―トマス・スタンフォード。最優秀オリジナル作曲賞―ソール・チャップリン、ジョニー・グリーン、アーフィン・コスタル、シド・ラミン。最優秀衣裳デザイン賞―アイリーン・シャラフ。最優秀撮影賞―ダニエル・ファップ。わたしたちのチームの才能ある仲間が、会場を埋めつくした映画業界トップの人々の拍手を受け、歓喜の表情で、手にして当然のオスカー像を高々と舞台でかかげる姿を見て、感動で胸がつまりました。

ボブ・ホープが再び登場して、「最優秀監督賞のプレゼンター、ロザリンド・ラッセル」と紹介。〝メイム叔母さん〟こと、あでやかなロザリンド・ラッセルがステージに立ち、候補者を読みあげました。「『ナヴァロンの要塞』のＪ・リー・トンプソン、『ハスラー』のロバート・ロッセン、『甘い生活』のフェデリコ・フェリーニ、『ニュールンベルグ裁判』のスタンリー・クレイマー、『ウエストサイド物語』のロバート・ワイズとジェローム・ロビンス」

受賞者は、ロバート・ワイズとジェローム・ロビンス。当然ですがジェリーはボブ・ワイズと並んで舞台に立ち、ロザリンド・ラッセルはジェリーにオスカーを手渡しながら、こうささやきました。「言ったとおりでしょ？」

ロバート・ワイズとジェローム・ロビンスは史上初の共同監督としてアカデミー賞を獲得。この夜、歴史をつくったのです。

そしてついに最後のオスカー——例年通りに最優秀作品賞——を発表する時がきました。プレゼンターは、だれあろう、わたしのアイドルの1人、アイコン的存在のフレッド・アステアです。候補作品は、『タミー』、『ハスラー』、『ニュールンベルグ裁判』、『ナバロンの要塞』、そして『ウエストサイド物語』。

選ばれたのは、『ウエストサイド物語』。

受賞の挨拶に登壇したロバート・ワイズは、そのスピーチのなかで、特に以下のような謝辞をのべました。「すばらしいオリジナルの舞台を誕生させたのはジェリー・ロビンス、レナード・

バーンスタイン、スティーブン・ソンドハイム、アーサー・ローレンツです。映画『ウエストサイド物語』に少しでも関わりを持った我々は一人残らず、幸運にも彼らが与えてくれた、すばらしい贈り物を基盤に仕事をすることができたのです」

〝幸運にも〟という言葉では、とても言い足りるものではありません。

作品賞を加えて『ウエストサイド物語』は1962年4月9日、10個のオスカーに輝き、今も映画史上、最大数のオスカーを獲得したミュージカルという座を失っていません。

第七章　殺到するオファー

アカデミー賞を獲ると、毎日が忙しく、騒がしく、時には対応に戸惑うことが増えます。作品賞を受けた映画でのアカデミー賞の場合は、ことさらそうなるようです。

わたしのところにも突如、エージェントとかマネジャーから、契約をしたいという申し出が殺到しました。もちろん、ありがたいことでしたが、プロデューサーや映画会社からのオファーにどう対処すべきか、まったくお手上げでした。この世界で〝メジャーリーグ入り〟したのは初めてでしたし、ショービジネスのビジネス面に関しては、あきれるほど無知だったのです。

初めて〝人気〟というものに接し、ちょっといい気持ちを味わったことも確かです。『ウエストサイド物語』以前に、ウィリアム・モリス・エージェンシーの有力なエージェントと、やっと面会のチャンスを取りつけたことがあります。親切で感じのいい相手でしたが、「あいにく今は新しいクライエントとの契約はしていないんだ。会えてよかった。幸運を祈ってるよ」で終わりでした。それが今は、ウィリアム・モリス・エージェンシーも他のエージェンシーと一緒に契約書を振りかざし、わたしに「ここにサインしてくれ」と迫ってくるのです。これを書きながら、わたしと家族がツーソンで暮らしていた時の出来事を思い出しました。たぶん、10歳ぐらいのときですが、近くの食料品店にお使いに出されました。床におが屑が撒かれていて、店主は店に来る客の名をそらんじていて、挨拶をするような小さな店です。店を出ようとして、ふと床を見ると、何と9ドルの現金が落ちていました。うちの食料品か何かを買う助けになるだろうと、わたしはそのお金を拾い、母に見せようと家に走りました。しかし母は、よかったねと言うかわりに、店に戻って、お金を返してきなさいと言ったのです。そのお金はわたしのものではなく、人様のものだ。それを自分のものにすることは絶対にいけない。話は、それで終わり。わたしはお金を返しました。母の教えで、正しいことをすると、いい気持ちがするものだということを学びました。

正直な生き方に徹し、それを子供たちにも教えた両親を持ったことは幸せでした。そのために、わたしの頭には、だれもがそういう育ちをしていると思う部分があって、それがより一層、わたしを世間知らずの人間にしたようです。人間性より〝抜け目のなさ〟に価値観を置く一部の人には、わたしは〝いいカモ〟に思えたのでしょう。

もちろん最終的に自分のしたことに責任を持つのは自分です。ある行動はわたしに限りない幸せをもたらし、ある行動には高い代償を払わされました。

1959年、『ウエストサイド物語』の映画化のまえ、ロンドンでリフを演じていたときですが、サガ・レコードという、英国の小さなラベルの会社からジョージ・ガーシュインのソング・アルバムを出さないかという話をもちかけられました。〝イエス！〟と答えるまでの時間は、レコード業界で最も速かったと思います。〝エンブレイサブル・ユー〟、〝アイ・ガッタ・リズム〟、〝マイ・ワン・アンド・オンリー〟、〝サムワン・トゥ・ウオッチ・オーバー・ミー〟、〝イット・エイント・ネセサリリー・ソウ〟などの名曲のレコーディングです。そんなチャンスを断る人がいるでしょうか。

サガは、ガーシュインのオーケストラ・トラックをアナログ録音で幾つか持っていると…表向き…言っていましたが、よい質ではありませんでした。どの歌か、よく分からないものもあったくらいですが、やむを得ず、フル・オーケストラでレコーディングを始めることにしました。

サガ・レコードは小さなラベルの会社であるだけでなく、発足したてで、資金もごくわずかでした。レコーディングの初日、スタジオに行くと、ちょっとした問題が起こっていました。オーケストラには当日の朝、ギャラを支払わないと仕事をしないということを、サガのだれかが完全に忘れていたのです。それでは仕事になりません。わたしはミッドランド銀行に走って、ミュージシャンへのギャラをどうにか支払える金額をおろし、スタジオに戻りました。その後、サガは金策をほどこし、レコーディングは無事、終了しました。

完成したアルバムのタイトルは「ジョージ・チャキリス、ジョージ・ガーシュインを歌う」というシンプルなものです。当時も今も、よい仕事をしたと思っていますし、評判も上々でした。そのなかには、英国で尊敬されている俳優、リチャード・アッテンボローからの高い評価もありました。ある夜、『ウエストサイド物語』の開幕前に、このアルバムを楽屋でかけていると、チタが入ってきて、にぎやかな騒ぎになりました。すべてが思いもよらない満足すべき経験でした。

自分がレコーディングが好きだということも自覚しました。

オスカーでのあの誇らしい夜のあと、キャピトル・レコードからの電話を受けた時は舞い上がりました。『ウエストサイド物語』のサウンドトラック版は、またたく間にビルボード・チャートの1位となり（ちなみに、連続54週間、1位を保ちました）、キャピトルがレコーディング契約を申し出てきたのです。わたしは、まばたきする間にサインして、キャピトルのトップ・アーティスト―例えば、ペギー・リーと「シュガー・アンド・スパイス」というアルバム（わたしの大好きなアルバム）を仕上げたばかりのデイブ・キャバノー―と組んで、4組のアルバムを出しました。キャピトルはナット・キング・コールのプロデュースもしていました。すべて胸の躍る経験でした。

ルース・アーロンズという女性が登場するのは、この時点です。

わたしには〝レッドライン・ツアー〟という、業績のいい会社を経営するトニー・フーヴァーという友人がいました。世界中から来る学生たちを対象にハリウッドを案内しつつ、その歴史を紹介するというツアーです。わたしは数年前、トニーのツアーに参加した50人ほどのスコットランドの学生に、話をしたことがあります。そのとき、わたしが彼らに与えたアドバイスは2つ。直感を大事にしなさい。委任状には絶対にサインをしてはいけません。この2つ目のアドバイスは、わたしが痛い思いをして学んだものです。

ルース・アーロンズとは、ウィリアム・モリス・エージェンシーのジュールス・シャールというエージェントを介して知りあいました。ユニークな経歴を持つ女性でした。父親のアレックス・アーロンズはブロードウェイの劇場プロデューサーで、ビジネス・パートナーであるヴィントン・フリードリーと、ニューヨークのアルヴィン劇場を創設した人物です。母親はオペラ歌手

キャピトル・レコードで録音中。1965 年。

『レッツゴー物語』で共演のジャッキー・レーンと。ロンドン、エルスツリー撮影所。1960 年。

でした。高級リムジン、昼夜仕える使用人、ニューヨークの上流社会の子弟が通う学校と、めぐまれた少女時代を送った彼女は、やがて卓球の世界チャンピオンになりました。（彼女のまえで〝ピンポン〟と言うことは禁じられていました）。その後、ボードヴィルのパフォーマーとして過ごす数年があり、やがて自らが取り仕切る芸能マネジメント会社を立ち上げたのです。

世界中で大ヒットした『ウエストサイド物語』の興奮が冷めやらないとき、わたしはエージェントのジュールス・シャールの助言を聞き、ルース・アーロンズのクライエントになりました。彼女の会社とかわした書類の中に彼女に委任権を与える契約書があったのですが、わたしは何の注意も払いませんでした。

この本のなかでルース・アーロンズの名が何度か出ると思いますが、それは彼女を責めるのではなく、わたしのように世間知らずで、身を守る防壁を立てない人、強引な相手に〝ノー〟と言えない人、自分の生き方をコントロールできない人への教訓と受けとめてください。

ルースと職業上の関係を持ったことで、わたしが被った被害のひとつは、大切だったキャピトル・レコードとの契約です。業界トップの才能ある、経験も豊かなプロデューサーや編曲者と仕事をして、楽しみを満喫していたのに、ルースはどういうわけか彼らを嫌い、事あるごとに非難し、文句を言いました。また、それほどの反感を持つ理由を言わないので、わたしは〝自分が選んだ契約相手じゃないからだろう〟とか、〝演奏についての彼女のアイデアに、彼らが興味を示さないからだろう〟と、勝手な推測をして、彼女と話をする時は、レコーディングの仕事の話題は注意深く避けるようになりました。

1960年代中期のある日の午後、キャピトル・レコードとの契約を結んで3年目でしたが、滞在していたパリのホテル（この話は後述します）に、ルースから電話が入りました。軽い、たわいのない内容でした。幾つかの仕事がどうなっているか、そんな話のあと、パリの話題に移りました。もちろん、彼女はパリが大好き。嫌いな人はいません。そして話が終わろうとしたとき〝言い忘れてた〟というように、軽く、こう付け加えたのです。「そうだった。あなたとキャピトル・レコードの契約は解約しましたからね」。

カチャッ。

言葉を失いました。彼女と、自分自身に対する怒りが渦巻きました。わたしのレコーディング・キャリアは、こうして終わったのです。彼女に委任権を与えていたので、手を打とうにも法的には、なすすべがありませんでした。

振り返って更に驚くべきは——わたしは彼女をクビにしませんでした。歳月とともにルース・アーロンズの行動がいろいろと明らかになり、友人たちから、なぜ縁を切らないのかと尋ねられましたが、唯一考えられる理由は「彼女が必要だ」と思っていたからです。心の声は100回ぐらい「彼女と仕事をするな」と叫んでいました。でも複雑怪奇で、筋が通らず、わけの分からないショービジネスの世界を自分の力で切り開いていく自信はなく、つい、そのままにしてしまったのです。何度か彼女に抵抗したことはあり、また、それを悔いたことはありません。でも結果的に、愚かにも幾つもの大きな停止信号を無視したのです。わたしの過ちで、彼女の過ちではありません。「誰かが本当の自分を見せたら、そのときこそ初めて相手を信じなさい」と言ったマヤ・アンジェロウは正しかったのです。

『ウエストサイド物語』のロンドン公演は、1961年6月10日、1040回という驚くべき上演回数を記録して、幕を下ろしました。つらい別れでした。

地球上のあらゆる俳優のように、わたしも1つの仕事が終わると、いつも「次は何?」と期待します。

映画『ウエストサイド物語』を撮り終えるまえに、わたしはミリッシュ・カンパニーと、複数の映画の非独占契約を結んでいました。彼らはパナビジョン社でわたしのラッシュフィルムを観て、〝ホット〟になる将来性があると考え、契約に踏み切ったのです。〝pay or play〟契約—すなわち、仕事を受けなければ、ギャラは支払わない—という契約ですから、会社側には何のリスク

多忙だった1962年。イヴェット・ミミューと『ダイアモンド・ヘッド』にも。

『あしやからの飛行』のポートレート。1961年。

もない安全な契約です。わたしにも異存はありませんでした。キャリアの階段を一段登ることであり、ある意味、生活の保証にもなると思い、喜んで受け入れたのです。もっと利口であれば、それに飛びつかず、別に来るかもしれないチャンスを待つべきだったのかもしれません。でも、わたしは大きな長期計画を立てて仕事を選ぶ人間ではなく、チャンスが訪れるたびに、エージェントなどからの助力や導きもなく、その場その場で、自分で判断していたのです。ウィリアム・モリス・エージェンシーとの契約をしたばかりでもあり、ルース・アーロンズと〝将来の長期計画〟を話しあったわけでもありません。ミリッシュ・カンパニーが約束どおり、新作にキャスティングしてくれるのを待つかたわら、次々と仕事が入り、ありがたくも満足できる日々が過ぎていきました。

まず、まだロンドンの舞台に出ている時に、『レッツゴー物語』という、モノクロの小さくてかわいい英国映画を撮りました。『呪われた日』という、モンゴメリー・クリフト主演の映画にもサインをしましたが、この企画はポシャりました。

プロデューサー／監督のロジャー・コーマンからは、ナンシー・シナトラ、ピーター・フォンダと共演するオートバイ映画のオファーをもらいました。台本は完成していなかったのですが、読んだ資料では面白そうに思えたので、出演のサインをしました。ところが台本の最後の部分が送られてきて、失礼をかえりみずに言えば、予想していた映画とまったく違うものになっているように思えました。自分にそぐわないという感じがして、この作品は降りることにしました。ルースはロジャー・コーマンに訴えられると青くなりましたが、ロジャーはすべてを受け入れ、何の面倒も起こさず契約を解いてくれました。その代わり、わたしの役を演じることになったピーター・フォンダとは〝いろいろ、もみ合い〟をすることになったようです。

この『ワイルド・エンジェル』が、後日、ピーター・フォンダを触発して、あの古典『イージー・ライダー』を撮らせたのではないかと、一度ならず考えたことがあります。

次にオファーされたのは『あしやからの飛行』です。台風に遭った遭難船から生存者を救出するミッションに就く、空軍の航空隊員の話です。歌なし。踊りなし。台本によれば、三人の主演男優が救出ミッションにたずさわりつつ、自分たちの内なる悪魔と闘うという話です。撮影はすべて日本でロケすることになっていました。

共演者はユル・ブリンナーとリチャード・ウィドマーク。『ウエストサイド物語』が日本でも大ヒットをしたおかげで、驚いたことにジョージ・チャキリスの名が映画のタイトルの前に、二人の国際的なベテラン・スターと並んでいました。東京の飛行場でタラップを下りると、大勢の人々がわたしを見に集っており、記者会見場に急ぐわたしに叫びかけ、警官と警備員が必死で彼らを押し戻していました。人の注目を浴びるのが苦手な人間には、どうしていいのか分からない状況です。でも何という親切な人たち。日本への初訪問に、あれ以上、うれしい歓迎はありませんでした。

スクリーンを離れてのユルとリチャードの人柄は、はたで見ていても面白いほど対極にありました。2人はともに礼儀正しく、どこまでもプロ。でも、それ以外は、すべてが違うのです。

リチャードは物静かで、孤独を好み、無用な目が注がれることを好みませんでした。日本に来た時も単身。ジーン夫人は後から到着しましたが、わたしたちが会うことはなく、目にもしませんでした。撮影中にわたしを訪ねてきた友人のナン・モリスは、リチャードを笑わせようと努力の限りを尽くしましたが、懸命な努力にもかかわらず、彼はお義理のように、二度ほどほほえみを見せただけでした。

ある夜、わたしとナンは撮影スタッフと近くのレストランで食事をしていました。わたしたちのテーブルは大きなガラス窓に面していましたが、1台のタクシーが表に止まり、リチャードが後ろの座席に座っているのが見えました。外を見て、店の中にわたしたちが座っているのを見たリチャードは、そのままタクシーで去っていきました。別に気を悪くすることではありません。撮影が何日も何日もつづくうちに、彼が夜分、わたしたちと時を過ごす気がまったくないことを

東京に到着。
1961年。

伝統的な日本の
お点前。東京。
1961年。

理解したからです。

東京の東宝撮影所の広いサウンドステージでは、リチャードと長い時間を過ごしました。実物大につくられ、前面にコントロール・パネルのあるヘリコプターの操縦席に、隣りあわせで座っていたのですから。真面目で責任感のあるプロの俳優らしく、彼はコントロール・パネルのことを事前に勉強し、カメラのまえで正しい操作をすることができました。恥ずかしいことに、わたしはそこまで準備しておらず、せりふのほうが気になって、万一の時のために床に台本を置いていました。

何テイクかのあと、わたしはたぶんコントロール・パネルを見ずに、足元の台本をチラチラ見ていたのだと思います。リチャードが突然、演技をやめ、サウンドステージの隅々にまで届くような大声で「なぜ台本を読んでこないんだ！」と怒鳴ったのです。

全員が凍りつきました。わたしもです。何と言っていいのか、何をすればいいのか、どこを見ればいいのかも分からず、ただ自分を恥じていました。コックピットに留まることもできず、立ち上がり、セットを出て、スタジオの暗闇に逃げこみました。監督のマイケル・アンダーソンがそばに来て、わたしを落ち着かせようとしてくれましたが、その彼にわたしは言ったのです。

「もう彼と仕事はできません！」と。

本当にそう言ったのです。相手はリチャード・ウィドマークだというのに。自分でも信じられません。

もちろん、しばらくして気持ちが落ち着くと、すぐ彼との仕事に戻りました。何と言おうと彼が正しかったのです。わたしは一体、何を考えていたのでしょう。舞台に出る俳優として、毎回、必ず自分の小道具をチェックするわたしです。深く尊敬する俳優と同じシーンに出ながら、なぜそれを怠ってしまったのか。通常では考えられない怠慢です。責任を果たす人間だったはずなのに、この時だけは過ちを犯したのです。

考えられる説明は2つです。だれもが知るユル・ブリンナー、リチャード・ウィドマークと共演し、タイトルの前に、彼らと同じサイズで名前が出るなどということは生まれて初めて。あらゆる俳優の見る夢がわが身に起こり、どう対処すべきかが分からなかったのか。それに伴う責任―文字どおり、責任なのです―を理解していなかったのか。あるいは、その責任を知って、恐怖を感じていたのか。今日に至るまで答えは出ていません。

わたしが集中力を欠き、それを注意したリチャードは正しかったのです。だれも何も言わなかったときに、彼は言うべきことを言ったのです。彼は本当に善い人で、この一件の後、わたしに厳しい口調を使ったことを悔いていることが感じとれました。彼からのメッセージは明らかです。彼はあらゆるシーンに徹底したプロ精神でのぞみ、わたしにも、また他のあらゆるスタッフにも同じことを求め、そういう現場にしたのです。

一方、ユル・ブリンナーは違います。彼は大勢のお供をつれて到着しました。〝シルキー〟という、可憐で美しい日本人の愛人。秘書。息子のロッキー。付き人。エレガントでオシャレなウォルター・リースというスコットランド人。彼は戦争の英雄で、その交友範囲はウィンザー公夫妻からバレリーナのマーゴット・フォンティン、海運王のスタブロス・ニアルコス、そして『あしやからの飛行』のご縁で、わたしまでという広さでした。ユルはスターです。スターの暮らしぶりを実践していました。リチャードが人目を嫌ったのと同じくらい、彼は注目を浴びるのが大好き。部屋の中だろうと、レストラン、またはサウンドステージであろうと、自分の存在を周囲に知らしめる人でした。

リチャードは物静かではありましたが、芯はタフで、決して甘く見てはいけないことを、わたしは実体験で知りました。『あしやからの飛行』は、物語に3つの流れのある映画です。リチャード、ユル、そしてわたしの部分です。ラッシュ試写のときに3人のうちの1人が登場しないことがあります。その1人がユルの場合だと、彼は台本の書き直しを要求しました。画面に出る時間を多くするためです。リチャードはそれを許さず、台本が書き直されたことは一度もありません

ユル・ブリンナーと『あしやからの飛行』。1961年。

リチャード・ウィドマークと『あしやからの飛行』。

日本での『あしやからの飛行』撮影風景。1961年。

でした。そういう彼を、わたしは尊敬しました。正しいことを主張し、ユル・ブリンナーを相手に勝ったのです。わたしには夢にもできないことですし、その方法もわかりません。『あしやからの飛行』の撮影がやっと終了。しかし東京を見るのはそれが最後ではなく、実はユル・ブリンナーとの最後でもなかったのです。とりあえずは「クローズアップを撮りたい」というミリッシュ・カンパニーの言葉に従い、嬉々としてロンドン郊外のパインウッド撮影所に向かい、『633爆撃隊』という映画を撮ることになりました。

『633爆撃隊』は終始、撮影を楽しめた作品でした。節度ある人々がよい映画を撮るために集まり、わがままを言う者は1人もいませんでした。

わたしが演じたのはエリック・バーグマン大尉。ノルウェーのレジスタンス・パイロットで、ノルウェーにあるドイツのロケット燃料工場に、英国空軍を先導するという役柄です。クリフ・ロバートソンが英国空軍モスキート隊のパイロット、ロイ・グラントで、その工場を攻撃する任務を負う爆撃隊の隊長に扮しました。わたしの妹役で、グラントの恋の相手となるヒルデを演じたのはマリア・パーシーです。

クリフ・ロバートソンは気さくで感じよく、共演した俳優のなかでも楽しいことでは随一でした。露ほどのエゴも持たず、現場のすべての人に親切なジェントルマンです。彼自身、第2次大

『633爆撃隊』でクリフ・ロバートソン、マリア・パーシーと共演。1963年。

前年度オスカー受賞者として、リタとわたしは1963年アカデミー賞授賞式でプレゼンターに。

戦中は合衆国商船の正規パイロットだったので、第2次大戦時代の戦闘機に目がなく、英国のスピットファイアを始め、その時代の戦闘機を何機も所有しているのが自慢でした。『633爆撃隊』で使用したのは、〝モスキート〟と呼ばれた英国のツインエンジン戦闘機の本物で、クリフはその1機を買うことを本気で考えていました。一緒に過ごす時間が楽しい趣味人。めったにいない道義をわきまえた人でもありました。

マリア・パーシーは、いつも穏やかで、人好きのする、一切、気取りというものを持たないすてきな女性でした。ブロンドの髪とブルーの目の美人。わたしはご存じのように、髪も目も茶色ですが、それでいて兄妹を演じたのです。わたしが、もしノルウェー人として通じるなら、マリアとは兄妹だと言っても通じたのでしょう。砂糖とマスタードとオリーブオイルを使った、美味しいサラダドレッシングを教えてくれたのも彼女です。このドレッシングはパインウッド撮影所の食堂に行くと、どのテーブルにものっていました。

実力ある監督のウォルター・グローマンは、スタッフ全員同様、エゴに無縁の人でした。彼も米国空軍の一員で、4年もヨーロッパの空で戦った軍歴の持ち主です。その体験があったからこそ、『633爆撃隊』の飛行シーンが、今もベストのひとつとして数えられているのでしょう。『633爆撃隊』の撮影を楽しみつつ、それに加えてうれしかったのは、ルース・アーロンズが

オスカーをパティ・デュークに。1963年。

『太陽の帝王』での扮装。1963年。

キャピトル・レコードとの契約を軽率にも破棄するまえだったので、撮影中ではありましたが、2枚目のアルバムのレコーディングをすることになったことです。

わたしのプロデューサーのデイブ・キャバノーと彼のチームが英国に飛んできて、レコーディングが始まりました。場所は世界で最も有名なスタジオのひとつであるアビーロード・スタジオ。ビートルズが何度となく使ったスタジオとして有名で、彼らの古典的アルバム「アビーロード」のジャケットは、スタジオのそばの実際のアビーロードを、彼ら四人が一列になって渡っているところを撮った写真です。スタジオの高名なプロデューサー、ジョージ・マーティンが仕事に加わり、すばらしいチームと楽しい仕事をしました。『633爆撃隊』の俳優友達も何人かレコーディングを見にきてくれました。

完成したのが「You're Mine, You（あなたはわたしのもの。あなたが）」というアルバムです。「アズ・タイム・ゴーズ・バイ」、「ザ・ベスト・イズ・イエット・トゥ・カム」、「アワ・デイ・ウィル・カム」などの美しいスタンダード・ナンバーが、ソフトなラテン・リズムに乗っているアルバムです。

ロンドンで過ごした楽しくも実り多き一時期の、忘れられない思い出です。

ミリッシュ・カンパニーのための次の映画は再びユル・ブリンナーとのもので、タイトルは

『太陽の帝王』です。『633爆撃隊』ではノルウェー人に扮しましたが、今度の役柄はマヤの王子。ユルは先住民という設定です。マサトランというロケ地に向かうときに、頭から離れなかったのは「時代物映画には絶対、出てはだめよ」という、ナタリー・ウッドの言葉でした。

当時、マサトランにはホテルが1つしかなく、われわれはみな、そこに宿泊したのですが、ユルと、この撮影に同伴したドリス夫人には1軒の家が提供されました。ロケ現場には彼専用のトレーラーがあり、プライバシーを守るヤシの塀で囲まれていました。ビバリーヒルズで、セレブたちのご贔屓レストランとして有名だったチェイセンズから、定期的にチリも取り寄せていました。彼は自分が何者か、どう振る舞うべきかを熟知していて、誰にもそれに疑いを持たせませんでした。話すときの、あのすばらしい声の響き。誰にも有無を言わせない堂々とした男らしさ。自分が真のセックス・シンボルであることに、確固たる自信を持っていました。

『太陽の帝王』のユルは役柄上、上半身、裸にならねばなりません。彼は大変白い肌をしていて、先住民と思わせるボディメークは大変でした。ひとたび生まれ変わると、またまた〝王〟となったユル・ブリンナーが出現します。『王様と私』のあの有名な歩き方を更に誇張したような足取りが、現場にいたわたしたちを面白がらせてくれました。ユルと〝彼の民〟がカメラに向かって歩いてくる一場面がありました。わたしはユルの友達で、キャストの1人だったブラッド・デクスターとカメラに入らないように撮影を見ていたのですが、その場面のテイクの最後の一瞬、ブラッドは「金のなる木を見せてやれよ、ユル」と大声で言いましたが、ユルはさすがに、そこまではしませんでした。

わたしはラッシュ試写に一度も行きませんでしたが、ドリス夫人はそれを欠かすことがなく、彼女がわたしに感じよく接するか、そうでないかで、自分の演技の出来をおおよそ判断することができました。彼女とは、それほど親しくなったわけではありませんが、話をしていると唐突に「公爵と公爵夫人」（訳注：ウィンザー公夫妻）とか、「リズとディック」（訳注：リズ・テイラーとリチャード・バートン）という、話にまったく関係ない名前を口にするのです。彼女は結局は毒気のない、ある意味、付きあって楽しいスノッブだったのです。『太陽の帝王』の監督、J・リー・トンプソンはいい人で、仕事に追われて手一杯だったことはよくわかりますが、俳優からすると、いささか食い足りない面がありました。わたしが演じていたバラムという名のマヤの王子は、人間を生け贄に捧げることを許さないという設定でした。あるときリーは「この映画は死刑廃止を訴えているのだ」と、わたしに言ったのです。それは台本の深読みではないかと思いましたが、まあ、いいでしょう。解釈は自由です。

映画の大詰めで、わたしはかなり重厚なスピーチをせねばならず、映画の決めどころでもありました。善人が勝利し、ユルの演じたキャラクターは死を遂げたのです。(もちろん、勇敢に、重々しく)。生き残ったバラム(わたし)はピラミッドの頂上に立ち、数百人の〝民〟に、もう恐れることはないと言い聞かせます。スピーチの出だしは「ハナン・セル(映画の悪役)は死んだ」というせりふで、バラムが率いる民を(そして、願わくは観客を)感動させねばならない重要なせりふです。

合図《キュー》が出る直前に、リーがくれた配慮ある、激励の言葉を忘れることができません。彼は言いました。「ローレンス・オリヴィエを頭に描け」と。

リー、ご親切にどうも。本当に助けになりましたよ。

『太陽の帝王』に出た俳優のなかで、「時代物映画には絶対、出てはだめよ」と言ったナタリー・ウッドの警告を体現したのは、マヤの祭司を演じた英国の名優、リチャード・ベイスハートでしょう。どこのサディスティックな愚か者が彼の扮装をデザインしたのかは知りませんが、毎日、メーク室から出てくる彼はわたしの祖母そっくり。ニューヨーク・タイムズの映画評論家は「(この映画のベイスハートは)故マリア・オースペンスカヤのようだ」と書きました。心優しく、根っからのプロであるリチャード自身はメークのことを何も言いませんでしたが、勇気がなくては許せないことであり、その部門の責任者が、なぜ何も言わなかったのか今もって不可解です。

『太陽の帝王』のヒロインはシャーリー・アン・フィールドという、かわいくて楽しい女優さんでした。生まれつきの赤髪とドキドキするようなブルーの目なのに、ダークなメークをして黒いかつらをつけると… たちまちマヤ人に変身。それでも彼女と一緒に仕事ができるなら、いつでも大歓迎という人でした。

シャーリー・アンは撮影中にわたしのヒーローになりました。撮影に参加した大勢のエキストラの中に、頭がよく、かわいい現地の少年がいました。わたしたちは皆、この少年の魅力にとりつかれ、アメリカで教育を受けさせたいと努力したのですが、うまくいきませんでした。特にこの少年に魅せられていたのはシャーリー・アンで、少年の母親にも会いに行きました。母親は英語を話せず、夫は彼女と息子をとっくに捨て、極貧の中で暮らしていました。汚れた床。波型のブリキの壁。ひどい臭気。シャーリー・アンが少年と母親をホテルに招くまで、彼はトイレを見たことがありませんでした。皆の注目を集め、かわいがられたこの少年がその後どうなったか。わたしは何度も、それを思いました。その少年と母親、そしてもちろんシャーリー・アンにも神のご加護を。このように心優しく、愛情深い女性と仕事ができたことは幸せでした。

『太陽の帝王』がやっとクランクアップ。メキシコ航空の4発プロペラ・チャーター機で帰途につくことになりました。乗客はユル、ドリス、シャーリー・アン、リチャード・ベイスハート、ブラッド・デクスター、リー・トンプソン、わたし、そして乗れる限りのスタッフです。マサトランからメキシコ・シティに向かう途中で最初に着陸するのは、1時間ほど離れたグアダラハラです。それは生涯で一番長い1時間になりました。

飛行機に乗ったことがある方なら、乱気流というものをご存じでしょう。気持ちのよくないもので、あれが好きという人はいません。揺れが収まるとホッとして、やれやれとなるものです。この時のフライトでは揺れがきて、また揺れがきて、それがグアダラハラに着陸するまでつづいたのです。容赦ない激しい揺れ。操縦士は機体を横に傾け、突然、高度を変え、更に機体を傾け、空中で乱暴に機体を上下させ、地面との距離は恐ろしいほど遠い… これ以上の恐怖は耐えられないと思ったとき、ユルに目がいくと、彼も恐怖に襲われていました。ユル・ブリンナーが怯えている！　もう祈るしかありません。

奇跡的にグアダラハラに無事着陸して飛行機を下りたときは、文字通り地面に口づけをしました。短時間の待ち合わせのあと、更にメキシコ・シティに乗り継がねばならないのですが、わたしには限界でした。どんなにお金を積まれても、大きな銃で脅されても、その飛行機に乗ることだけはご免でした。わたし以外はみな勇敢に乗りこみ、メキシコ・シティに着きましたが、後日、聞いたところでは、やはり揺れに揺れた1時間だったそうです。わたしは8時間後にタクシーで目的地に着きましたが、足が地上についている限り、余分にかかった8時間は無駄ではなかったし、生きて先の人生に進めます。ただし時代物だけは、二度とお断りです。

第八章 イタリア・フランス

その後の出演オファーは、幾つかは実現し、幾つかは実現しませんでした。やがて『キプロス脱出作戦』という作品が決まり、イタリアに向かいました。役柄は、時代物の衣裳を着ないでよいギリシャ人のテロリストで、主演はダーク・ボガード、スーザン・ストラスバーグ、デンフォルム・エリオット。もちろん、わたしも参加します！

ダーク・ボガードはずっと尊敬しつづけていた俳優でしたが、この映画を撮り、その思いは一層、強まりました。第2次大戦中の彼は英陸軍軍人で、物静かで控えめ。真面目な態度を崩さない人です。自分というものをしっかり持っていることが見てとれ、ハリウッド調の薄っぺらなポーズとか、ハデな見せかけには一切、興味がないことが会ってすぐにわかりました。

撮影が始まるまえ、ダークはわたしたちを英国南部、サリー州のノア・ファームにある自宅に招いてくれました。とても美しい家でしたが、1つ、記憶に焼きついているのは、その家に飾ってあったたった1枚の写真。ピアノの上にあった『夜と昼の間』の共演者、エヴァ・ガードナーの額縁入りの写真でした。考え抜いて敬意を表す人物から、そのような名誉ある扱いを受ける彼女は、さぞかしすばらしい女性だったのでしょう。

『キプロス脱出作戦』の一部を撮影したのはイタリアはローマの南東に位置する、フォッジアという風光明媚な町です。撮影はおおむね順調に進みましたが、たったひとつのつまずきは、ここで書かないではいられないほどバカげた一件でした。

すでに述べたように、わたしの役柄はハギオスという名のテロリストで、キプロスでギリシャのレジスタンス活動に参加している男です。ピラミッド型の組織の中でのトップの1人。権力を持ち、非情で、威圧的。彼の前に立ちはだかる者は恐怖で凍りつくという男です。

この男が、ある場面でコンバーチブルを運転することになります。その場面を撮影するある日、そのコンバーチブルが運ばれてきました。ただのコンバーチブルではなく、古い車種のフォードのコンバーチブルでした。待って。その先があるのです。車体の色はピンク、、、でした。どう思います? 平気で人を殺すギリシャのトップクラスのテロリストが、キプロスでピンク色の旧式なフォード・コンバーチブルを乗り回すでしょうか? メル・ブルックスの映画なら…爆

『キプロス脱出作戦』で赤いフェラーリに乗っているわたし。

『キプロス脱出作戦』の休憩時間。スーザン・ストラスバーグとダーク・
ボガードとくつろぐ。1965 年。

笑です。『キプロス脱出作戦』ではマズい。絶対に「アウト！」です。

ホッとしたことに、プロデューサーも監督も同意見でした。その日も、またそれ以外の日も、わたしがその車に乗っている場面は撮影されませんでした。やがてローマから、ドライバーが別の車を運んできました。赤のフェラーリ・コンバーチブルです。そう、これなら納得です。この車は、撮影に必要なときに、わたしだけが運転することになりました。理解できます。そのままに選ばれた1台目の赤いフェラーリは、ロケ先に向かう途中で事故に遭っていたのです。

わたしは赤いフェラーリが気に入りました。その運転を教えについてきたドライバーも気に入りました。プロのドライバーで、アクセルを踏み込むのは〝プリマ・エ・ドポ・クルヴァ〟（カーブの前と後で）」と教えてくれた彼の声が今も耳に残っています。彼の言うことは逐一、守りました。この映画で2台目のフェラーリをクラッシュさせたらという不安で、夜もおちおち眠れなかったからです。

ダーク・ボガードと仕事をする機会が与えられたことには末長く感謝します。彼が嘘偽りなく善い人であることは、彼の親しい友達で、わたしのパリのエージェントでもあったオルガ・ホルスティグープリマズの話をすれば、更なる証《あかし》になるでしょう。オルガが眼を患っていることを知っていたダークは、彼女への手紙は大きな活字体で書くのです。それでも彼女には読めないこ

『キプロス脱出作戦』のスチル写真。

『モナリザの恋人』ではヴィンセント役に。1964年。

とがあり、彼の手紙を声を出して読んでくれと、わたしに頼むことがありました。私的な手紙を読んでくれと頼まれるほど、彼女に信頼されたことも感激でしたし、美しく、温かく彼女への友情を綴ったダークの手紙は、彼への尊敬の念を一層深めました。

オルガはまれに見る女性でした。小柄で優しく、友達とクライエントにはあくまでも忠実でした。それは彼女がオフィスとしても使っていたパリのアパートを見れば歴然。見栄を張った内装ではなく、使いやすさが第一に考えられていました。玄関のドアを入ると廊下があり、そのとっつきに立てられたイーゼルには、彼女の最も大切なクライエント、ブリジット・バルドーの目を奪う写真が置かれていました。

ブリジットの最新作、ルイ・マル監督作品の『ビバ！　マリア』のプレミア試写がウエストウッドで開かれた夜には、オルガに誘われ、彼女とブリジットのお供でプレミアに行くことになりました。彼女らが泊まっているビバリーヒルズ・ホテルのスイートに行くと、ブリジットは少し時間に遅れているようで、わたしはオルガとおしゃべりをしていました。数分後、ブリジット――あのブリジット・バルドー――がベッドルームからリビングに現れました。神さま。息が止まりました。あのゴージャスなロングヘアー。淡いオレンジ色のドレスに包まれた肢体に目は点。人を魅了する温かいほほえみ…　そして容姿が抗しがたいだけでなく、気取りというものを、まったく持たない人だったのです。ホテルでも、プレミアに向かう車の中でも、くつろいだ気持ちのよい楽しい会話がつづきました。彼女自身のこと以外なら、どんなことでも気さくに話し、また英語も完ぺきでした。劇場に着くと、ブリジット・バルドーを一目見ようと、レッドカーペットの両脇にマスコミ、カメラ、そしてファンが息をこらして待ちかまえていました。それに慣れていない彼女ではありません。人々が彼女に何を求めていて、どうすればよいのかを熟知していて、その期待に応えました。今まで車の後部座席で笑い、おしゃべりをしていた、あの楽しくて気取らない女性が、車を降り、群衆とカメラマン、マイクの間を抜けて、劇場の入り口に着くまでの数分間で、たちまちグラマーな世界のセックス・シンボル／映画スターに変身するのを、驚嘆とともに目の当たりにしました。

試写が終わると、レセプションとディナー・タイムとなり、わたしはブリジットと同じテーブルに座りました。次々に挨拶に来る人と―ポール・ニューマンもその1人でしたが― 気やすく一緒に写真におさまる時間が、なごやかに過ぎていきました。相手がセレブであろうと〝一般人〟であろうと、本心から会えてうれしい、会えてよかった、という気持ちが表れているのです。それは人との付き合いに大切な才能で、内気な自分を反省しているわたしが、ブリジットを見習わねばと思うことのひとつでした。

それなのに、レセプションの後に起こったことは、昔も今も変わらないわたしでした。ブリジットがどこかに踊りに行きたいと言ったのに、シャイなわたしはそれを断ってしまったのです。言い訳をするなら、わたしはいわゆる〝ソーシャル・ダンス〟は苦手で、ダンスフロアに出たら、彼女を失望させることが分かっていたのです。

彼女はまったく気分を害しませんでしたが、それにしても…。

まだご記憶にあればの話ですが、わたしは内気であるがゆえに、エリザベス・テイラーとブリジット・バルドーと踊る機会をフイにしたのです。今でも自分が腹立たしく思えます。ブリジットは今まで会った人の中で、とりわけゴージャスで優しい女性の1人であるだけでなく、動物好きということでも世界に知られています。わたしは生涯、彼女の大ファンです。

そのころわたしは、ビバリーヒルズのベネディクト・キャニオンから少し外れたゲストハウスを借りて住んでいました。並木に覆われたステキな袋小路の突き当たりにある住まいです。ゲストハウスと、その後、越すことになった母屋の持ち主はルディ・アルトベッリというタレント・マネジャーで、彼のクライエントの1人であるヘンリー・フォンダが、わたしのまえのゲストハウスの住人でした。ヘンリー・フォンダは才能ある画家で、彼の描きかけの絵が、そのままイーゼルの上に置かれていました。

シャーリー・ジョーンズと。
1965年。

アン＝マーグレットと。
1965年ごろ。

ライター／監督のジャック・ドゥミと作曲家のミッシェル・ルグランがわたしを訪ねてきたのも、この家です。2人は『ロシュフォールの恋人たち』というフランスのミュージカル映画を撮ろうとしていて、その相談に訪れたのです。わたしに映画のストーリーを語り、歌も何もかもが入った音源も持ってきてくれました。

すべてが気に入りました。関与している人たちも含めてです。フランスのキャストのトップは美しいカトリーヌ・ドヌーヴと、彼女の実の姉フランソワーズ・ドルレアック（ドルレアックが本当の苗字）で、いつか生まれ育ったロシュフォールの街を出て、愛と新しい生き方を見つけたいと夢見る双子姉妹を演じるのです。チームのなかの〝外国人〟はジーン・ケリー、わたし、そして優秀なダンサー・振付師のグローバー・デイルです。（ちなみにグローバーは『ウエストサイド物語』のブロードウェイ、オリジナルでスノーボーイ役でした）。わたしたちアメリカ人のせりふと歌は、フランス語に吹き替えられるのです。

ジャック・ドゥミが監督し、カトリーヌ・ドヌーヴ主演の『シェルブールの雨傘』は大好きな映画でしたし、ミッシェル・ルグランの音楽も大ファンだったので、『ロシュフォールの恋人たち』の企画に心がはずみました。

しかしウィリアム・モリス・エージェンシーは反対。ルース・アーロンズも反対でした。

『ロシュフォールの恋人たち』。
フランソワーズ・ドルレアック
と。1966 年。

『ロシュフォールの恋人たち』。カトリーヌ・ドヌーヴと。
1967 年。

「ジョージ、そんな群像ドラマ!」ルースは話を聞くと、そんなバカげたことは聞いたことがないというように言いました。「群像ドラマなんて、誰が観たがると思う?」

わたしは観たい…というのが答えだったので、オファーを受けました。彼女の助言と反対を無視しましたが、それを悔いたことはありません。

何にでもレッテルを貼り、比較するのが好きなマスコミは、カトリーヌ・ドヌーヴを〝クール・ビューティ〟、姉のフランソワーズを〝ウォーム・ビューティ〟と呼びました。わたしはいつも、そういう決めつけには〝お好きにどうぞ〟という立場をとっています。ノーメイクの2人を何度も何度も見たわたしに言わせてもらえば、彼女ら姉妹は、どんなにひどい写真を撮ろうとしても撮れないのです。一層、魅力的だったのは、姉妹同士でいる時の2人が本当に楽しげで、羨ましいほど美しい関係だったことです。愛し合い、茶目っ気たっぷりで、いつも支え合っている姉妹。同じ女優業の美しい姉妹が同じ映画に出るとライバル意識が生まれやすいものなのに、その気配は微塵もありませんでした。

フランスではどんな映画でも監督がスターです。『ロシュフォールの恋人たち』のシナリオを書いたジャック・ドゥミも例外ではありません。卓越した才能の持ち主? そのとおりです。感嘆するほかない映画を撮る監督? イエスです! ただロケ現場に到着するまでわたしが知らな

カトリーヌ・ドヌーヴとパリで再会。1978 年。

かったのは、彼がかなりの癇癪持ちだということでした。

　たしかに彼にとって、この作品は重要なものでした。仏米合作ワーナーブラザース作品ですから、〝ただの〟フランスの映画監督ではなく、国際的な映画監督だと認識されるチャンスです。前作の『シェルブールの雨傘』は大ヒットして幾つかの部門でオスカー候補になり、カンヌ映画祭では3つの賞に輝きましたが、それでも〝フランス映画〟でした。『ロシュフォールの恋人たち』はフランス語版と英語版の両方で公開される予定で、両方の言語でそれぞれしっかりと、甲乙なく撮影せねばならないのです。

『ロシュフォール』はその上、重要なダンスシーンを幾つか撮るという大きな挑戦がありました。それも、ありきたりのダンスシーンではなく、ジーン・ケリーを迎えてのダンスシーンです。振付け担当のノーマン・マエンはその挑戦に応えるよい仕事をしたのですが、その経歴、またミュージカル映画の経験から、ジーンが自ら振付けに関わりたいと思ったのは当然です。

　しかしダンスシーンのつくり方に対する考え方に、ジーンとジャックの間には大きな開きがありました。ジャックはもちろん優れた監督／編集者ですが、撮影したフィルムのどの部分を使うか、現像されたフィルムを見て考えるタイプの人なのです。それ自体は悪いことではありませんが、素材の多いほうが選択の余地があるわけですから、撮影現場では大変な長回しをすることに

ジャック・ペラン、わたし、カトリーヌ・ドヌーヴ、ダニエル・ダリュー、フランソワーズ・ドルレアック、ミッシェル・ピコリ、グローバー・デイル、ジーン・ケリー。1967 年。

『ロシュフォールの恋人たち』の食事シーン。グローバー・デイル、わたし、ダニエル・ダリュー、フランソワーズ・ドルレアック、カトリーヌ・ドヌーヴ。1967 年。

なります。

一方、ジーンはダンスシーンのどの部分をスクリーンで見せるか、セットに足を踏み入れる前から頭の中で決めているのです。カメラアングルも決めていて、それに沿ってダンスを創り、振付けを考え、リハーサルをするのが彼の流儀。ですから彼のカメラワークは独創的ですばらしく、彼が演出をするとカメラまでが踊り、命を持ち、そのシーンの一部となって、カメラワークにも無駄がないのです。彼がダンスシーンを撮るときは、踊りのステップや歌のメロディーと同等に、計算どおりのカメラワークが重要で、撮影自体も、彼の決めたカメラアングルが求める部分だけカメラを回せばよいのです。観客が目にしない部分まで撮影するのは時間とエネルギーの無駄、ということになります。言いかえれば、長回しでダンスシーンのすべてを撮影し、編集室でどの部分を使うかを決めるジャックの流儀と、最初から予定された部分だけを編集でつなげるというジーンのアプローチは両極にあったのです。

ジャックの名誉のために記しておきますが、彼は彼なりに礼儀正しく、ジーンとわたしたちキャストの小グループのために、10分に編集したダンスシーンを街の映画館で試写してくれました。称賛すべきことだと思いましたが、ジーンはスクリーンに映る自分が気に入らず、画面に向かって「おまえ、早く消えろ！」と叫んでいました。

撮影中にジーンが本当に幸せそうな顔を見せたことがあります。それはジーンの奥さんであるジーン・コインが、わたしにくれた手紙が発端でした。手紙によると、8月23日がジーンの誕生日なのに、その日はそばにいられない。彼の大好きな朝食―卵、トースト、コーンビーフ・ハッシュ、そしておいしいコーヒー―を準備して、サプライズで祝ってほしいという内容でした。ロシュフォールでコーンビーフ・ハッシュが手に入らないことを知っていた彼女は、ジーン宛のバースデー・カードと一緒にそれを送るとまで記していました。

グローバー・デイルとわたしはホテルのシェフに、この朝食を裏メニューで準備してくれるよう頼みこみ、8月23日の朝、ジーンの大好きな朝食が、夫人からのカードと一輪の赤いバラと一緒に、ルームサービスで彼の部屋に運びこまれました。夫人がサプライズでロシュフォールに現れるのではないかと思っていたジーンは、期待が外れて少しがっかりしたようでしたが、誕生日当日に朝食をアレンジした夫人の思いやりは彼を感動させました。大喜びする彼を見て、わたしも2人の役に立てたことをうれしく思ったのでした。

ジャックにとって『ロシュフォールの恋人たち』が大きなチャレンジであったことに間違いはなく、そういうプレッシャーが、人間の性格のトゲをことさら鋭くすることがあるようです。

ジャックとわたしの関係に起きた最初のつまずきはごく些細なことでした。映画に登場する男性ダンサーの衣裳はグローバーもわたしも含めて、全員が同じでした。同じズボンに、同じブーツ。シャツの色だけがシーンによって異なるのです。「群像ドラマなんて、誰が観たがると思う？」というあの言葉が、いつの間にかわたしの意識下に忍びこんでいたのでしょうか。グローバーとわたしだけは、他のダンサーとの区別がつくように、ズボンの色だけ少し変えてくれないかとジャックに頼んだのです。それも二度頼みましたが、何も答えがなく、ジャックが不機嫌になっているのを感じたので、このことは口にしないことにしました。

撮影当日、彼との間のモヤモヤを吹き払おうと、わたしは彼に電話を入れ、衣裳の変更を頼んだことを詫び、改めて、この作品に出られて本当にうれしく思っていると言いました。

彼が噛みつくように、グサッと言った答えは「君がハダカでも、わたしは構わないよ」。

そうですか。わかりました。今後は地雷を踏まないよう、慎重に歩こう。そうしたつもりでしたが…　もう一度、やってしまったのです。

この映画には、ロシュフォールの街の広場全体を使って撮影するカーニバルの場面があります。大勢のエキストラ。あちこちに設置されたブース。グローバーとわたしは、このシーンのすべてをとりまとめる役目だったので、ブースを1つ、与えられていました。衣裳は光沢のある白のカッコいいオートバイスーツ。大きくて重たいハーレーダビッドソンが回転台の上に固定されていました。想像されたことがあるでしょうか。ハーレーダビッドソンというオートバイは、回転台の上に置かれていても、簡単には回転しないのです。才覚ある振付師のノーマン・マエンは、このオートバイにまたがっての面白い動きをいろいろ考えてくれたのですが、そのとおりに動かないのです。初対面のとき、ジャックはわたしのためだけのダンスナンバーを〝最大限の努力をして〟つくると言っていたので、わたしはこの場面がそれかと思ったのですが… グローバーとわたしの光沢のある白のカッコいいオートバイスーツには、白のカッコいいヘルメットがついていました。自分の顔を隠したければ、オートバイのヘルメットをかぶる以上に効果的な方法があるでしょうか？

理解できませんでした。『ロシュフォールの恋人たち』を撮っていたころのわたしは、すでに売れる顔になっていました。それを利用すれば客の動員に多少のプラスになるのでは？

「ジャック」と、わたしは自分では穏当と思える口調で切りだしました。「あのヘルメットをかぶったら、だれも僕だということがわかりませんよ」

無言。

ヘルメットをかぶらないですむ方法はないかと、あれこれ考えました。そして、こういう次の手を。「ねえ、ジャック、あのヘルメット、耳を覆うので、音楽のプレイバックが聞こえないいんですけど」。彼はそれには即、反応しました。ヘルメットの両サイドの耳の位置に孔を開けさせたのです。もちろん、それでわたしの顔が見えるようになるわけではありません。大勢のダンサーが並んでいるなかで、顔どころか自分の耳も見えないのにムリな話です。

ついに、このコミュニケーション・ギャップを埋めるには、単刀直入に説明を求めるのが一番だという結論に達しました。

「でもジャック、僕はなぜこのヘルメットをかぶらなきゃいけないんですか？」

彼は他のダンサーたち、ロシュフォール広場に集まっていた大勢のエキストラ、フランス人の大がかりな撮影スタッフの全員に聞こえるような、あらん限りの大声で、通訳なしでも皆にわかる〝説明〟をしました。「それは君が＊＊＊＊だからだ！」（あなたの知っている中で、一番汚い言葉を入れてください。わたしの語彙にはない言葉で、文字にすることもはばかられます）

わたしは体の芯まで凍りつきました。ジャックの言葉を耳にした人はすべて、唖然としていました。この激高場面、プラス、回転するハーレーの上で際限なく、体力の限界までつづく撮影。終わるやいなや、わたしは一番近くのトイレに駆けこんで吐きました。わたしのためだけのダンスナンバーは夢と消えたのです。

気がラクになったことに、ジャックの爆弾が落ちたのは、わたしだけではありませんでした。

撮影そのものも彼を崖っぷちに追いつめていたのです。

広場での戸外撮影が多いということは、よい天候がそれなりにつづく必要があります。撮影隊は広場に本物のカフェをつくり、双子姉妹の母親を演じるすてきなダニエル・ダリューの出るほとんどの場面は、そこで撮られました。(ついでに、そのカフェは本物のビール、本物のコーヒー、そして今まで食べた中で一番おいしいフライドポテトを出す最高の店でした)。天候が悪くなるとジャックはカフェの中で待たねばならず、天候が急に回復すると表での撮影に戻る。天候が崩れると中へ。天候が晴れると表へ…… それが何度も繰り返されたのです。どんな監督でもイラつく状況ですが、ジャックには限界だったらしく、不機嫌にすねてしまったのです。広場の中央の噴水に背をあずけ、撮影は助監督任せ。そのままの代理撮影で、だれとも口をきこうとしませんでした。

出演者はそれぞれ自分の出番が終わると、文字どおり走って汽車に飛び乗り、パリに戻りました。カトリーヌはわたしより数日後にロシュフォールを離れたのですが、パリに戻ってすぐホテル・ラファエルで合流。一杯飲みながらガス抜きをしました。どうやらジャックは彼女まで泣かせたようです。2人は数年前に『シェルブールの雨傘』を撮っていたのですが、そのときの彼とはまったく人が違ってしまったと彼女は言っていました。

そのとおりなのでしょう。彼がすばらしい才能の持ち主であることに間違いはありませんし、プレッシャーがなければ、心根はよい人だったと思います。『ロシュフォールの恋人たち』をスクリーンで人々に観せたいという情熱と意気込みがプレッシャーだったのです。ののしりの言葉。嘔吐。ヘルメット。耳の孔。いろいろあったものの、この〝群像ドラマ〟は、わたしの関わった作品のなかで、大好きな1本になっています。

イタリアでの映画撮影はいつも1つの冒険です。1960年代は興行的にも芸術性の面でも、イタリア映画にとって実り多き時代で、わたしは幸いにも、その何本かの仕事をオファーされました。アメリカの撮影現場と異なり、イタリアの現場は、そうあるべきだと思うのですが、ランチはただの休憩時間ではなく、ワインを1杯飲みながら、ゆっくり楽しむもの。食事はとても大切だと考えられているのです。

わたしが出演したのは、今も気に入っている作品の1つ、『ブーベの恋人』です。主演はクラウディア・カルディナーレ。監督はルイジ・コメンチーニ。プロデューサーは名作『ニュー・シネマ・パラダイス』でオスカーに輝いた、わたしが大尊敬するフランコ・クリスタルディです。息をのむほど美しく、若く優雅なクラウディア・カルディナーレは、その才能も底知れない女優さんで、彼女との共演は本当に楽しいものでした。シナリオの元になったのはイタリアでは有名

『ブーベの恋人』。クラウディア・カルディナーレと。1964 年。

『ブーベの恋人』。クラウディアとの宣伝用写真。

な実話で、第2次大戦直後、若い娘（クラウディア）が共産党員のパルチザン（わたし）と恋におちるのです。濃い内容の映画で、クラウディアの〝師〟で、また未来の夫となったクリスタルディは、『ブーべの恋人』をクラウディアにとって、ソフィア・ローレンにとっての『ふたりの女』のような作品にすることを狙っていたのではないかと、何度か考えたことがあります。この映画に参加できたこと。そしてルキノ・ヴィスコンティ、ヴィットリオ・デ・シーカ、フェデリコ・フェリーニ、そしてもちろんルイジ・コメンチーニなどの、イタリア映画黄金時代の一部に加わることができたのは、わたしの誇りです。

この作品の撮影最終日が来ました。わたしの出演契約書には〝撮影最終日〟を定めた条項があり、その日を限りにわたしの出番は終了し、解放されねばならないのです。

イタリアはシエナ郊外でのロケ撮影を終え、わたしたちは予定どおり、映画の最終ロケ地に移動しました。〝わたしたち〟と言いましたが、どういうことか〝カメラクルー〟だけがロケ地を移動する間に、途中で消えてしまったのです。

あり得ないと思うでしょうが、本当でした。撮影の準備はすべて整っているのに、撮影の道具がないのです。数時間後に、わたしはその場を離れねばならないという、絶体絶命の状況です。日の入りは迫っている。田舎なのでまともな道路もない。もちろん、携帯電話など存在しない時代です。カメラクルーと連絡をとり、なぜ消えて、今どこにいるのか。わたしたちが待っているロケ現場に来させねばならないのに、完全にお手上げ。わたしたちはひたすら彼らを待ちました。更に待ちました。イライラがつのる。つのる。更につのる…。

どれぐらい待ったでしょうか。監督、プロデューサー、撮影隊全員の怒りは秒を重ねるごとに増していきます。そしてやっとカメラクルーと撮影機材が姿を見せた途端、すさまじい怒号と、ののしりあいが始まりました。もちろん全部イタリア語ですが、イタリア語に堪能でないわたしでも、それが「君ら、無事だったの？」とか「遅れて申し訳ない」という意味でないことは推測できました。あれほどカッカした人たちの激怒のぶつかりあいは見たことがありません… でも、それがつづいたのはわずか10分か15分でした。

すべてが正常に戻りました。ひとたび怒りを発散させてしまえば、みな仲間。ケロッと何事もなかったように仕事を始めたのです。見ていたわたしは、〝あごをあんぐり〟です。わたしの胃はそれから数日、調子が悪かったのに、彼らのなかに、その出来事を思い出す者は1人もいなかったようです。正直、うらやましい気もしました。度を超えた激情に駆られ、ののしりあいをするほうが、鬱々と恨みを抱きつづけるより健康的で、よりよい結果を生むのかもしれません。もっと驚くべきは、行方不明のカメラクルーの到着をあれだけ待ち、それにつづくののしりあいがあったのに、その日の撮影は予定どおりに終了。わたしの契約条項は全うされたのです。

イタリアで次の米伊合作映画を撮るころには、映画をつくる仕事にはあまり深刻に取り組まないほうがよいという姿勢を学び、むしろその姿勢を楽しむようになっていました。

その映画は1931年のドイツ映画のリメイクで、『モナリザの恋人』という題名です。撮影の初日は不幸なタイミングでした。ローマとその近郊が豪雨に見舞われ、列車は脱線。トラックは横転。低地にある貧しい人々の家は瓦礫と泥に埋もれるという惨状でした。新聞はローマ法皇が数日後、神の慈悲を祈るべく被災地を訪れるという記事を載せましたが、怒った犠牲者たちは「慈悲なんかいらない！　金をくれ！」と言ったそうです。たしかに彼らを責められない気がしました。

わたしたちは皆、気の毒な人々のことを思い、その悲劇のおかげで、撮影現場でのトラブルや遅れに寛容になりました。用意されているべき小道具がないとか、カメラクルーが遅刻したなどという不満は、口にするのも恥ずかしい些細なことに思えました。とくにその作品はわたしが楽しめるもので、役柄もとりわけ深刻ではなく、ちょうど望んでいた楽しく取り組めるものでした。

1960年代はいわゆる〝泥棒映画《ケイパー》〟が流行した時代です。オードリー・ヘップバーンとピー

『ウエストサイド物語』が5年間続演された、シャンゼリゼのジョルジュ・
サンク劇場の前で。

『モナリザの恋人』（わたしが腕にかかえている包み）。1966 年。

ター・オトゥールの『おしゃれ泥棒』、シナトラ一家の『オーシャンと十一人の仲間』、スティーブ・マックイーンとフェイ・ダナウェイの『華麗なる賭け』など、お約束の荒唐無稽のストーリー設定で、つくるほうも観るほうも楽しめるという映画です。

『モナリザの恋人』も例外ではありません。史実にもとづく時代映画で、1911年、8月21日、ルーブル美術館の作業員だったヴィンチェンツォ・ペルージャという男が、閉館後の美術館に隠れ、レオナルド・ダ・ヴィンチの名画を白い作業着の脇の下に隠し、何食わぬ顔で盗みだしたのです。名画が消えたことは翌朝までだれも気づきませんでした。(当時、絵を盗んだのはピカソだという噂まで流れました)。それから28か月後の1914年の1月、モナリザは無事、ルーブルに戻りました。

わたしの役はプロの泥棒ヴィンセントで、ストローハットに1900年代初期のファッション。強い葉巻をふかさねばならず、気分が悪くなりましたが、見た目はカッコよく、役づくりの助けにはなりました。カッコよければ、気分が悪くなるぐらいは我慢します。

『モナリザの恋人』に登場するこの男は、絵を盗むために周到なプランを練っていて、それを計画どおりにやってのけるのです。映画では、ルーブルの近くに〝モナリザ・ホテル〟というホテルがある設定で、そこで働いている若い娘たちはみなモナリザ風の格好をしているのですが、ヴィンセントはその中でも、とりわけモナリザにそっくりな美しい娘に心を奪われます。彼女と親しくなりたくてあとを追い、そしてロマンスが花開く。一方、彼が盗んだモナリザを、べつの泥棒たちが狙って追うという展開もありますが、すべてはめでたく決着。エンドクレジットが流れる…という映画です。

恋人役の娘を演じたのは、美しい輝きを放ち、しかも申し分のない才能を持つフランス／ロシア人のマリナ・ヴラディ。カンヌ映画祭で、最優秀主演女優賞も手にしています。『モナリザの恋人』は彼女を見るだけでも価値のある作品です。

フランス人監督のミシェル・デヴィルは、そもそもこの映画に出たいと思った一番の動機です。わたしのエージェントのオルガ・ホルスティグが、口をきわめて彼との仕事を薦めたのも理由のあることでした。業界の敬意を集め、美しく、魅力いっぱいのエレガントな映画をつくることに定評があり、『モナリザの恋人』という映画の意図、楽しさを理解している監督でした。こういう監督との仕事は心から楽しめます。

この映画のもう1つの大切な思い出は、アメリカ側のプロデューサーの娘、ダーシャ・アウエルバッハと友達になれたことです。とても楽しい人で、ベリーニ（シャンパンとピーチのカクテル）の味を教えてくれ、ロケ撮影に明け暮れるイタリアでの日々、救いとなるジョークで笑わせてくれました。

「ドイツの地獄と、フランスの地獄と、イタリアの地獄の違いを知ってる？」

「ドイツの地獄は、12時間、ワイン、女、歌、美食、酒、ビール、プレッツエル、何でもほしいものを楽しめる。でも次の12時間は煉獄地獄。むち打たれ、拷問を受け、餓死状態になって十字架に釘づけにされる」

「フランスの地獄は、12時間、ワイン、女、歌、シャンパン、キャビア、エスカルゴ、何でもほしいものを楽しめる。でも次の12時間は煉獄地獄。むち打たれ、拷問を受け、餓死状態になって十字架に釘づけにされる」

「イタリアの地獄は、12時間、ワイン、女、歌、ヴァチカンへの無料チケット、スパゲッティ、ラザーニャ、イタリアの超辛口白ワイン、何でもほしいものを楽しめる。でも次の12時間は煉獄地獄。むち打たれ、拷問を受け、餓死状態になって十字架に釘づけにされる。でも時々、彼らは金づちと釘の用意を忘れる」

ということなので、以下の事態が起こりました。撮影が終わりフィルムが〝缶に入る〟と、一度も映画の製作など手がけたこともないイタリア人プロデューサーが、ミシェルの手からフィルムを奪い、自分で編集をしなおすと言いだしたのです。その結果、映画のストーリーは支離滅裂となり、その過程でフィルムのあちこちが、どこかへ消えてしまいました。金づちと釘を用意し忘れるどころの話ではありません。その後、何年かかけて、アメリカのプロデューサーがフィルムの消えた部分を多少取りもどし、何とか復元させました。イタリア人プロデューサーの善意にもとづく干渉はありましたが、映像が美しい『モナリザの恋人』はとても魅力的な映画で、わたしが楽しい時を過ごした作品です。

ついでに、撮影の最高のしめくくりとして、最後の数日のロケ地はパリ。撮影全チームで、シャンゼリゼのジョルジュ・サンク劇場で5年も続演していた『ウエストサイド物語』の舞台を観に行きました。楽しかった撮影の最後を飾る、最高の〝打ち上げ〟でした。

パリを去りたくはありませんでした。パリをあとにしたい人がいるでしょうか。でもロスに戻り、引っ越しの準備をせねばなりませんでした。

ルディ・アルトベッリからベネディクト・キャニオンに借りていた家の賃貸契約が切れたのです。建坪ほぼ200平方メートルのゲストハウスに1年間。その後、ほぼ300平方メートルの母屋に更に1年住みました。静かで、人目につかない、本当にいい住まいでした。3エーカーの敷地はフランスの田舎を思わせ、木々の間には松と桜が散在し、プールとプライベート・ドライブウェイがありました。手放したくなかったのですが、わたしには広すぎる家でしたし、旅にでることが多い日々を思い、思い切って諦めることにしたのです。

悲しいことに、わたしはこの家を数年後、ニュースで目にすることになります。世界中のだれもが見ることになるニュースでした。

第九章　アカプルコ

1968年が明けて間もなく、アカプルコ映画祭に招待されました。美しいところだと聞いていたアカプルコは初めてだったので、もちろん、二つ返事で招待を受けました。

ロサンゼルスからアカプルコ行きの直行便に予約が入っていて、ファーストクラスの席につくと、すぐ隣席の乗客が乗ってきました。同じ映画祭に行く、若くて、かわいい、あのミア・ファローでした。

ミアもまた気さくで頭がよく、話好きであることを知るのに時間はかかりませんでした。最高の〝お隣さん〟です。彼女はジョセフ・ロージー作品『秘密の儀式』を、エリザベス・テイラーと撮り終えたばかりでした。エリザベス・テイラーの話となると、わたしは俄然、興味津々。それも、この〝お隣さん〟のように、信頼できる人の口からとなれば、なおさらです。

ミアの観察によると、撮影日のエリザベスは毎朝、ひっそりと、いささかのスター気取りもなくセットに姿を見せるのですが、現場のクルー、俳優たち、だれもが彼もが緊張して、彼女を単なる俳優の1人として扱うことができなくなるそうです。その理由のひとつは、たぐいまれな彼女の美貌。もうひとつは彼女をとりまく噂（そのころ、スキャンダルとなった彼女とエディ・フィッシャーの結婚は破綻して、妻のあるリチャード・バートンと熱烈な恋愛関係にありました）、そしてもうひとつは、単純に彼女がエリザベス・テイラーだったからです。

ロージー監督ですら、エリザベスの前では多少、緊張気味だったとか。とにかく10歳で映画にデビューし、12歳で『緑園の天使』の主役を演じたエリザベスですから、映画の裏表を知り尽くしています。彼女はひとつのシーンを2テイク以上は撮らないことで知られており、ジョセフ・ロージーもそれ以上を求めることはなかったそうです。必要だと思うとき、ロージーが遠慮せずに、それ以上のテイクを撮っていたら、エリザベスの演技は更によくなっていたかも、とミアは敬意をこめた口調で語っていました。

ミアが更に強調したのは、こういう緊張感、遠慮、敬意が周囲にあっても、エリザベスが一切、それに影響されなかったことです。スターにありがちとされるわがままを言ったり、上から目線で人に接したりすることはなく、スターらしいところは皆無だったと。彼女はただスターだったのです。現場でスターの地位に無関心だったのは彼女だけ。それを聞いてますます彼女が好きになりました。

ミアは最高の旅の友でした。アカプルコは楽しみでしたが、飛行機が着陸して、彼女とのおしゃべりが終わってしまうのは、とても残念でした。飛行機を降りると、映画祭のゲストは車でラス・ブリサス・ホテルにチェックインしましたが、ミアはそこに泊まらず、わたしの記憶が正しければ、当時、まだ夫だったフランク・シナトラの家に向かいました。ミア、4時間の楽しい時を過ごしたことに、あらためてお礼を言います。

1968年度のアカプルコ映画祭は、メキシコ映画『ファンドとリス』が物議をかもし、暴動騒ぎにまでなって、結局、メキシコで上映禁止になったことで有名です。わたし自身は一夜、すばらしい装いをこらした、すばらしい人々と楽しい時を過ごし、彼らの新作の出来を祝った思い出が残っています。

とくにその夜を思い返して忘れられないのは、シャロン・テートとご主人のロマン・ポランスキーに出会ったことです。きらきら輝くミニドレスと、ひざ上までのハイブーツというファッションのシャロンはどこまでも感じよく、『哀愁の花びら』を撮り終えた彼女と、わたしの新しい友人、ミア・ファロー主演で、封切られて間もない『ローズマリーの赤ちゃん』を監督したロマンは、人々の注目の的でした。そういう注目を何のてらいもなくさばいていくシャロンの対応は見事でした。

つけ加えると、それから何か月かたって、彼女とロマンのビーチハウスに招かれました。ロマンは旅行中で不在でしたが、シャロンは招かれたわたしたち数人に対して、よく気のつくホステス役を完ぺきに務め、勧められるまま、わたしたちはビーチハウスで一夜を過ごしました。深夜に海辺から自宅までの長いドライブをしないようにという、彼女の親切で純粋なご招待でしたから、ヘンな気は回さないでください。

その年のアカプルコ映画祭の最優秀作品賞に選ばれたのは『俺たちに明日はない』でした。ウォーレン・ベイティが出席できなかったので、わたしがかわりに賞を受けとりました。高さ25センチほどで、象牙色の台に金張の頭が乗った、おしゃれなトロフィーです。当惑したことに、受け取ったトロフィーを誰に渡すのかを聞いてなく、いろいろ尋ねても、だれからも関係ないという顔をされ、ずっと持ちつづける羽目になりました。人に渡そうと懸命に努力したにもかかわらず、自分と何の関係もない映画に与えられた作品賞トロフィーを持って、ウロウロするのはおかしな気分でした。

当時、ダリル・ザナックの娘、ダリリンがアカプルコに住んでいて、現地のいくつかの孤児院を救済する目的でＤＡＲという慈善団体を立ちあげ、年に1度、資金集めのパーティを開いていました。父親のダリル・ザナックは20世紀フォックスの社長で、伝説的なハリウッドの大物です。ダリリンは資金集めのパーティで、毎年、父親の製作した映画を試写。カーク・ダグラス、ロック・ハドソン、ポール・ニューマンといった俳優が招かれ、宣伝や募金活動に協力していました。

映画祭の授賞式で、『俺たちに明日はない』のピカピカの作品賞を手に立ち尽くしていると、わざわざわたしのところに来たダリリンから、慈善パーティに来てほしいという誘いを受けました。それだけでも答えは〝イエス〟だったのに、『パリの秘めごと』も試写するからと彼女は付け加えました。主演はレックス・ハリソンとローズマリー・ハリスで、ローズマリーとは幸いにも数年後、一緒に仕事をすることになりました。そのうえ、ダリリンの招待を受ければ、彼女のゲストとして、好きなだけアカプルコに滞在してよいというのです。

無理強いなど、まったく必要のないオファーです。アカプルコはすばらしく、とくに気候は最高でした。そもそも日光浴は好きだったのですが、アカプルコの気候はなぜか湿気の度合いでしょうか、何時間、日光を浴びても、ひどい日焼けをしないのです。今とは違い、１９６８年当時は日焼けの怖さが知られておらず、だれもが競って肌を焼きました。わたしもそれから2週間、毎日、せっせと肌を焼き、自分でも信じられないほど日焼けして、われながらカッコいいと思っていました。しかし残念ながら、ロスに戻らねばならないときが来ました。思いがけず訪れた、身心を休めるすばらしいバカンスは終わりを告げたのです。荷物をかかえて、わが家の玄関に入ろうとしたまさにそのとき、ルース・アーロンズから電話。その夜、ディオンヌ・ワーウィックとご主人のビル・エリオットのためのパーティを開くから、という誘いでした。地球上のだれもがそうであるように、わたしもディオンヌの大ファンで、ご主人もよさそうな方のようです。時差など何のその。ディオンヌに何としてでも会いたかったし、ルースのパーティはいつも最高です。その場で気分を入れ替えてルースの家へ車を走らせました。

結局、その夜のわたしは、明るい笑いとからかいの的になりました。パーティ・ゲストの大半は黒人で、ディオンヌを例外として、アカプルコの太陽のおかげで一番、肌の色が黒かったのはわたしだったのです。差別発言ではありません。その場のゲストはみな、それで大笑いをして盛り上がり、今でも笑いたくなる思い出になっています。

幸運とはこういうものでしょうか。『ビッグ・キューブ』（未公開）という映画を撮るために、またたきする間もないほどすぐ、アカプルコに戻ることになりました。シナリオに幾つか問題があって、何度か出演を断った作品でしたが、問題が解決したので出ることにしたのです。そのときになって初めて、主演スターが〝セーターガール〟の元祖、ラナ・ターナーであることを知りました。危うくラナ・ターナーとの共演を断るところでした。そうなっていたら自分を蹴とばしつづけたでしょう。

ラナを初めて見たときのことは忘れられません。MGM撮影所でジーン・ケリーとの『ブリガドーン』を撮っていたとき、一人でセットに向かって歩いている彼女を見かけたのです。彼女は『プロディガル』という映画を撮影中で、ダマスカスの愛の女神役だったため、その日は異教徒の女司祭風の衣裳を身にまとっていました。彼女のように背筋をまっすぐ、自信に満ちた歩き方をする女性は見たことがなく、思わず息をのみました。あのようなピンヒールで彼女のように歩ける女優は他にいないでしょう。撮影現場のスタッフは皆、彼女に見とれて仕事の手が留守になったはずです。ラナ・ターナーと言えば、16歳のとき、サンセット大通りのトップハット・カフェでコーラを買っているときにスカウトされたという話が伝説になっていますが、彼女を一目見れば、それは事実だったと信じられるはずです。

思いもかけずラナと仕事ができるなどということは、夢が現実になったも同然でした。『ビッグ・キューブ』でわたしが演じるのは女たらしの医学生で、共演はリチャード・イーガンとダン・オハーリーです。どういう期待を持つべきか、まったく予想できなかったのですが、ラナがまさかあのように付き合いやすく、気取りのない人だったとは。新鮮な空気を吸いこんだような気がしました。また、どんなシーンも2テイクで撮りあげる完ぺきなプロで、だれにも「自分のことはラニタと呼んで」と言い渡す人でした。『ビッグ・キューブ』が今や人気のカルト映画になっているのは、ラナ・ターナーが主演しているからだと信じています。

ある晩、撮影を終えてホテルに戻ると、妹のアテナから電話が入りました。最初は言いづらいような口調で、やっとのことでニュースを伝えてくれました。父が突然、発作を起こし、そのまま亡くなったのです。

そういう一瞬を体験したことがおありなら、口にすべき言葉がないという感情がおわかりでしょう。その痛みはあまりにも突然で、鋭く、深く、一度には受けとめられません。突然であろうとなかろうと、愛する者を失う痛みは消え去るものではなく、いくら時が経とうと、胸をえぐる悲しみの波に、心を準備することはできません。愛する者は本当に去り、二度と戻ってこないことを悟らねばならないのです。

翌朝の飛行機で実家に戻り、五日間、母、兄弟姉妹と悲しみを分かち合い、かけがえのない父を葬る準備をしました。

家族と父を愛した大勢の友人たちが集まった葬儀は盛大で、心のこもったものになりました。

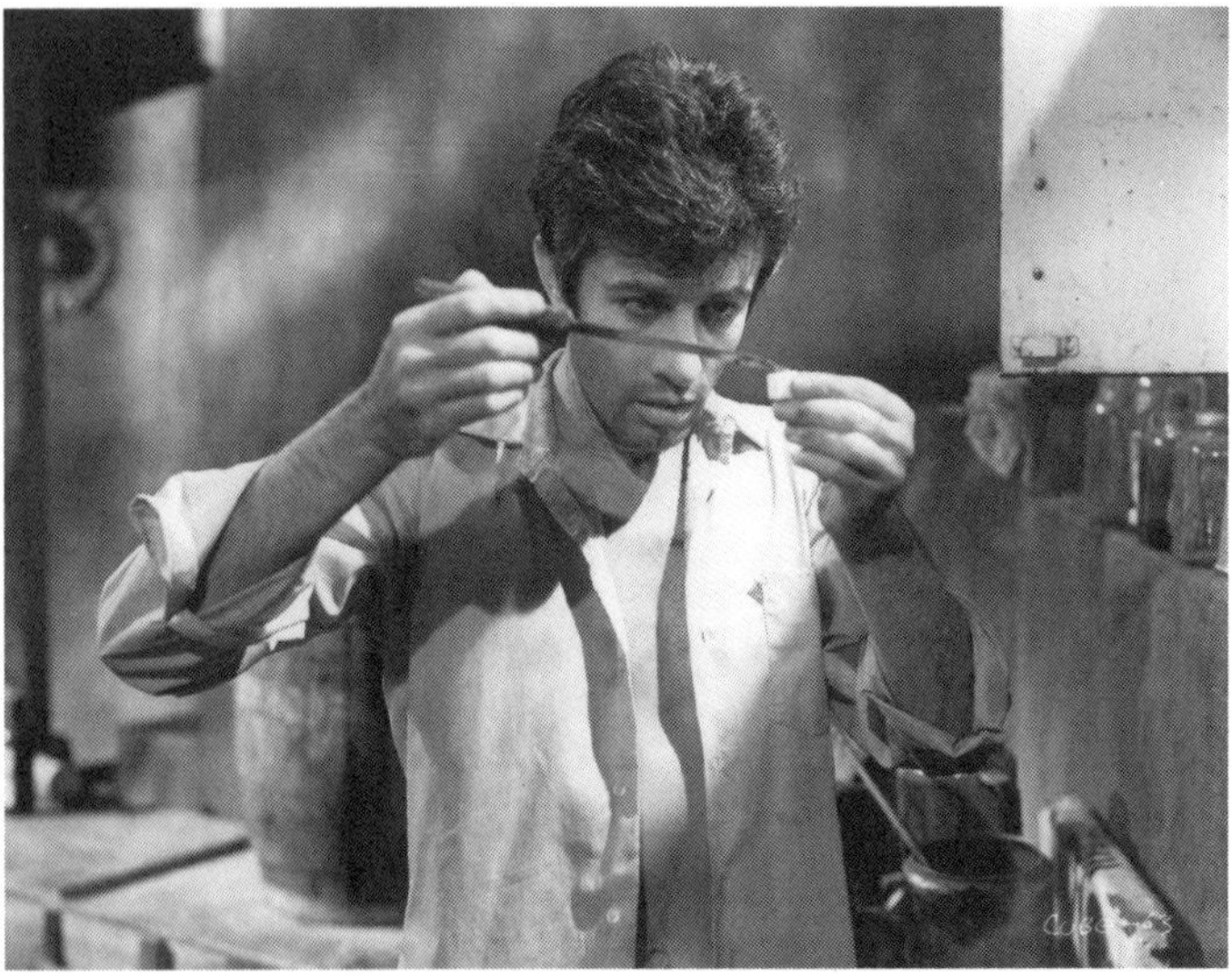
『ビッグ・キューブ』で LSD を分析。1969 年。

『ビッグ・キューブ』。ラナ・ターナーに危害をくわえようと ...　1969 年。

『ビッグ・キューブ』がクランクアップしてロスに戻り、落ち着くと、家探しを始めました。父が亡くなった家で父と暮らしていた母と弟妹は当然ながら、思い出の多いその家に住みつづけられなかったのです。

何軒もの家を見てまわり、母が気に入ったのは、ハリウッド・ヒルズのマルホランド・ドライブに近い、寝室が4つとプールのあるいい家でした。わたしはその家を買い、母と2人の弟妹が入居しました。仕事が忙しく、収入もよかったのに、家族と暮らす時間がなく、やっと家族の面倒を見られる機会ができたのです。

実家でこれらの出来事が起こっているとき、〝わたしの仕事関係〟でも幾つかの内輪の変化がありました。エージェントのジュールス・シャールが、エージェンシーのパブリック興行部門に移動し、ABCの元キャスティング・ディレクターでIFAに移籍したイナ・バーンスタインが、わたしのテレビ・映画・劇場関係のエージェントになったのです。ルース・アーロンズにとっては、あまりうれしくないことでした。

ルースにはライルという信じられないほど仲のいい弟がいました。ニューヨーク、47丁目のアパートに一緒に住み、ルースがマネージメント会社を立ちあげたときも彼がパートナーでした。ルースが〝芸術的〟な面を、ライルは彼女のクライアントの財力面を見るという役割分担です。

そのライルが40代で夭折。彼を失ってルースはどうなるのだろうと、わたしたちはみな心配しました。ライルの〝後任〟にルースがベストとして選んだのがジュールスです…　彼女は彼とも非常に緊密な間柄を築き、ジュールスだけでなく、わたし、そして彼女が〝自分のもの〟と思う人間に対して独占的になっていきました。従って、イナは彼女にとって邪魔者だったのです。

イナとジュールスの間には興味深い関係がありました。イナは彼に恋をしたのですが、同時にやっかいな病気を発症しました。胃が硬化して、異常に膨張するのです。医者は手術を勧め、当然、恐怖を感じた彼女は、手術を無事に終えて、生き延びたら結婚してと彼に言いました。彼は承諾。手術は成功して、2人は結婚。しかも幸せな夫婦になったのです。

イナの手術が成功したことを聞いたルースは、ジュールスとわたしに、医者がこう言ったという想像話を聞かせました。「おめでとう。4000グラムの腫瘍でしたよ」。彼女のユーモアのセンスは、このように時としてダークなのです。趣味が悪いこともありましたが、わたしを笑わせてくれる面白い面も持っていました。

ジュールスがパブリック興行の責任者となったおかげで、わたしはラスヴェガスのシーザーズ・パレスに初めて出演するチャンスを得ました。父を失ったあとでもあり、完ぺきなタイミングで入ってきた仕事です。パワーが戻り、意気込んで準備に取りかかりました。

ヴェガスのショーはわたしと、2人の男性、2人の女性だけのために構成されたものでした。わたしには、ヒットパレードにリストされるような曲はありませんでしたが、大好きで、よく歌っていた「見果てぬ夢」のような〝カバーソング〟なら尽きぬほどありました。ショーの演出には、ルースが友人のジョナサン・ルーカスを雇い、彼はすばらしいオープニング・ナンバーを考えてくれました。よく練られ、シャレていて、たちどころに完ぺきなものになりました。

問題は「オープニングのあとは何を?」でした。ジョナサンの才能をもってしても、その問いかけに答えが出なかったのです。数週間、わたしたちはいろいろなナンバーを試みましたが、まあまあ…という程度のものばかり。生まれて初めてのラスヴェガス・ショーなのに、客席の観客があくびをしつづけ、いつになったら終わるのだろう、などと思ったら? 不安はつのるばかり。ある一夜、〝まあまあ〟のリハーサルの終了後、ジュリーとルースの3人で話し合うことになりました。

ルースの提案は唐突で直情的。わたしをうろたえさせるものでした。「この仕事はキャンセルしましょう」

それはないでしょう。出口を探すのではなく、何とか前に進もうとしているのです。そして見つけたのが、ポール・グリーソンという演出家/プロデューサー/振付師で、彼が陣頭に立ち、

シーザーズ・パレス・ショー。1969 年。

シーザーズ・パレス・ショー。1969 年。

状況を好転させてくれました。ジョナサン・ルーカスも気を悪くするどころか、快くそれを受けいれ、そのまま最後まで協力をつづけてくれました。彼への感謝は尽きません。

初日はすべての期待をはるかに超えるものでした。楽しく、エネルギーにあふれ、満席の観客が舞台のわたしたちのノリをさらに高めてくれました。マスコミの評判も最高でした。1人だけ、ノッていなかったのはルースです。ひと晩中、むっつり、機嫌の悪い態度を崩さず、一度も笑顔を見せませんでした。彼女の性格は、もうわかっていました。自分の意見が無視され、采配を振れないことが面白くなかったのだと思います。そういう彼女を見て、いい気分ではありませんでしたが、せっかくのすばらしい夜を、彼女への自責の念で台無しにすることだけはしませんでした。

人は誰でも、人生をやり直せるなら違う対応をするのに、と思うことがあります。わたしにとって、そういうことのひとつは、ルースとの関係をあまりにも長い間、つづけてしまったことです。もちろん縁を切ろうと思ったことは何度かあるのですが、定番の「やはり彼女が必要だ」という理由以外に、いろいろな理由がわたしを押しとどめました。ルースはとにかく楽しい人で、料理の達人。彼女に任せれば最高のパーティを開けます。抱えているクライアントも、わたしが知っていて、尊敬する人ばかりでした——何人か名を挙げれば、シャーリー・ジョーンズ、ジャック・キャシディ、デヴィッド・キャシディ、スーザン・デイ、セレステ・ホルム、ジャニス・ペイジ等々―彼らが彼女に満足なら、わたしにだって満足できるマネジャーです。演劇界の名門ファミリーの出ですから、わたしよりショービジネスの裏表に精通しているはずです。わたしたちは皆、彼女のかかりつけのミルトン・ユーリー医師のところに通っていましたし、お金の計算に弱いわたしは彼女の薦めに従って、ライルが亡くなった後、彼女が雇ったビジネス・マネジャーのリー・ブッシュに財産管理、投資などを任せていました。そのことに躊躇はなく、質問もしませんでした。何を質問すべきかもわかっていなかったのですから。

マルホランドの家に住み始めて数年目だったでしょうか。ルースとリーから、もうあの家に住みつづける余裕はない。手放すしかないと宣告されました。

そんなはずはない。わけがわかりませんでした。休む間もなく仕事をしてきて、よい収入を得ていたはずなのに…。

でもルースとリーはその分野の〝プロ〟です。直感では何かが間違っていると思いつつ、それを押し殺して、わたしは家を売りました。

「あのお金はどこへ消えたのだろう?」これは芸能界で一番よく耳にする質問です。他の人々のことは言えませんが、わたしは後ろを振りかえり、これだけのことは言えます。「何か間違っている。どこか辻褄が合わない」という頭のなかの声を、わたしは無視したのです。尋ねるべき質問をせず、わたしが理解できる答えを求めなかったのです。誰か別のプロから、セカンド・オピニオンをもらうこともしませんでした。キャリアのことだけを考え、専属のマネジャーとビジネス・マネジャーがいるのだから、自分には苦手の分野は彼ら〝プロ〟がカバーしてくれていると思いこんでいたのです。わたしの落ち度です。彼らが悪いのではありません。自分で、そういう結果を招いたのです。

　わたしの過ちを教訓にしてください。用心深く、心の声に耳をかたむけ、わたしの轍《てつ》を踏まないこと。大事なことです。何年もたってから、「自分はいったい何を考えていたのだろう?」と何度も自分に問い返すこともなく、心穏やかな日々を送れます。

　ルースと決定的にたもとを分かつまでには、まだまだ長い道のりがありました。

第十章　舞台への復帰

1969年、映画『ウエストサイド物語』以来初めて、舞台に戻りました。いかに舞台を愛しているかを忘れていた自分。舞台に立つよろこびは想像を超えるものでした。

芝居はウェールズの作家、エムリン・ウィリアムズが書いたすばらしい戯曲『小麦は緑』で、ジョージ・キースリーの演出。シカゴの伝統あるアイバンホー劇場にかかりました。花を添えたのはわたしの共演者、アイリーン・ハーリーでした。スコットランド系のアメリカ人女優で、サー・ローレンス・オリヴィエの『ハムレット』での母妃役など、うらやむべき経歴の持ち主です。才能に満ちあふれ、存在感のある彼女は、実際はオリヴィエと比べてたった11歳年長だったというのに、彼の母親だとだれもが納得できる演技を見せたのです。

『小麦は緑』でアイリーンが演じたのはミス・モファットという中年の学校教師。ウェールズ地方の小さな炭坑町で、彼女は現地の有力者たちの強い反発にもめげず、町の若者たちに教育の恩恵を与えるのです。生徒たちに作文を書かせると、その中に粗削りながら、文才を見せるモーガン・エヴァンズ（わたし）という若者がいることに気づきます。放っておけば、その若者の将来は重労働に明け暮れる極貧暮らし。そしてたぶん、アルコール漬けの日々。そういう未来から彼を救おうと、オックスフォード大学への奨学金を目指して、彼女は彼を指導します。脅迫事件とか、赤ん坊をかかえた若い母親がからむ展開があったあと、モーガンは念願の奨学金を手にします。このチャンスを逃さず、それを生かすこと。意義ある未来を築き、少しなりとも世の中に貢献すること。モファット先生は若者にそう説きます。そういうメッセージを持ったこの芝居はわたしの心をつかみました。人生を肯定する半自伝的なこの芝居は、ブロードウェイではエセル・バリモアが、映画化された際には、ベティ・デイヴィスが主役を演じました。

扮するキャラクターを正しく演じるため、ウェールズ州現地の聖職者に土地のアクセントを習い、叙情詩を思わせる音楽的なその方言にすっかり魅せられました。何年も舞台から遠ざかっていたからといって自信を失わないこと。そしてアイリーン・ハーリーを失望させないことを自分に誓いました。わたしの出る場面は、ほとんどが彼女とのからみなのです。オリヴィエを始めとして、ダーク・ボガード、ジェームズ・メイソン、モンゴメリー・クリフトなど、名優中の名優

『小麦は緑』。シカゴのアイバンホー劇場。1969 年。

『小麦は緑』の終演後のアイリーン・ハーリーと若い観客たち。1969 年。

と仕事をした経歴を持ち、心が広く、強烈なパワーを持つ役者。彼女に、わたしのことも、そう思ってほしいと願いました。

それなのに、初日の最後のクライマックスの場面で、わたしは「乾いて《ドライになって》」しまったのです。「頭が真っ白になる」という意味で、せりふがまったく思い出せず、何も言葉が出てこないという状態です。舞台俳優たる者の悪夢。恐怖の一瞬です。わたしを救ってくれたのは、堅固な精神と、熟練の技を持つアイリーンでした。一瞬のうちに、わたしの窮地を察して、その場面の流れを壊さず、また自分のキャラクターと矛盾しない幾つかの質問を投げかけてくれたのです。そして観客には台本どおりのやりとりでないことをまったく気づかせず、辛抱強く、的確に、上手にわたしを正しい軌道に戻してくれました。わたしを救い、その日の公演を救ってくれた彼女に、わたしは永遠の敬意と感謝を捧げます。その夜を機に、舞台に立つときは必ず今一度せりふを読んで確かめる習慣をつけ、以来、〝ドライ〟状態になったことは一度もありません。

わたしたち、『小麦は緑』にたずさわった者は全員、12歳から14歳の若い観客の前で、しばしば催していたマチネー公演で、ユニークで面白い体験を共有しました。

最初の公演の時は、新しい若い観客が見せた反応にわたしたちは大いに戸惑いました。いつもは誰も笑わないところで笑い声が起きたり、思わぬところで涙をぬぐったりするのです。わたしたちは、どういうことなのか、何か間違っているのだろうかと、楽屋で頭をひねりました。マチネーごとに、毎回毎回、そういう反応があるのです。

やがて、わたしたちのやっていることに間違いはなく、若い観客にも非がないことがわかりました。彼らは100%、芝居に入れこみ、フレッシュで、汚されていない素直な感覚で反応していたのです。自分の気持ちを抑えることもなく、どこまでも正直な観客でした。やがてわたしたちは、この公演を待ちかねるようになりました。彼らの思いがけない反応は非難ではなく、客席と舞台が結びつき、わたしたちを受け入れてくれたことの証であることがわかったのです。わたしたちの困惑は歓びに変わり、正直であることの価値を知る、すてきな教訓になりました。

アイバンホー劇場での『小麦は緑』は大ヒットして、数週間、続演されました。わたしにとっては思いがけない贈り物でもありました。すばらしい芝居。すばらしい劇場。すばらしい演出家に、すばらしい共演者。何年ぶりかの舞台への復帰に、これ以上望める要素はありません。

またそれ以上に、わたし自身の個人的レベルで言えば、俳優としての自信を取りもどす機会にもなりました。『ウエストサイド物語』以降のわたしは、役柄の選択に慎重さを欠いていました。あの役ならもう一度、よろこんで挑戦したいというものもありますが、そうでないものもあります。選択の基準を、興行的にヒットしそうだから…　共演者や監督、プロデューサーが、前から一緒に仕事をしたかった人だから…　訪ねてみたいと思っていた場所がロケ地だから…　などで判断し、自分の力を試せる役柄かどうかを、あまり考えませんでした。自分にとって挑戦となる役柄か。俳優として成長できる役柄か。全身全霊を打ちこめる役柄か。長いキャリアを築くことにプラスとなる役柄か。もしそうでなければ、そのような仕事は断り、辛抱強く、もっと慎重に選択すべきではないか。

『小麦は緑』は再び「演技すること」に目覚めさせてくれたのです。それは歓びであり、わたしにとって必要なことでした。わたしのなかの火を再点火させてくれたアイリーン・ハーリー、ジョージ・キースリー、エムリン・ウィリアムズには感謝しかありません。彼らとのコラボから得た宝物のひとつは、エムリン・ウィリアムズから届いた二通の心のこもった手紙です。彼と、彼の文章に深い敬意を捧げます。

ロスに戻ったのは、夏が終わりかけた時でした。1969年8月9日、友人で衣裳係のシャーロット・スターバードの家を訪ねていて、テレビの音量をミュートにしたまま、リビングでおしゃべりをしていました。テレビに〝特報〟という文字が流れ、住宅地に何台もパトカーがライトを点滅させている映像が出ましたが、音声が聞こえないので、わたしたちは注意を向けませんでした。

そのうちヘリのカメラが、パトカーが集結している家を映しました。その家は、わたしが幸せな2年間を過ごした、ルディ・アルトベッリが所有する母屋とゲストハウス。シエロ・ドライブ10050番地の家でした。そこで何か恐ろしいことが起こったのです。テレビの音量を上げて、初めてそれが想像を絶する惨事であることを知りました。

その前夜、その家にいた人たちが殺されたのです。愛すべきシャロン・テートとお腹にいたベビー…　彼女の友人のアビゲイル・フォルジャー、ヴォイチェク・クリコフスキー…　ゲストハウスに住んでいた管理人を訪ねただけのスティーブン・ペアレント…　そして、わたしの友人でヘアスタイリストのジェイ・セブリング。

その非道への怒りを表現する言葉はなく、全ロスを包んだ怒りも同じでした…。

ロマン・ポランスキーはヨーロッパで映画を撮っていたのですが、遠く離れたところで、妻と子供が惨殺されたニュースを知った彼の気持ちは、いかばかりだったでしょうか…。

シャロンとロマンの他の友人たち。ジェイのクライアントのことも頭に浮かびました。もしかしたらその夜、その場にいて、何のいわれもなく、手当たり次第に殺されていたかもしれないのです。ウォレン・ベイティ、ジャック・ニコルソン、スティーブ・マックイーン、カーク・ダグラス、シャロンの妹のデブラ、その他、大勢の人たち…。

わたしと同様、シエロ・ドライブ10050番地に住んだことのある人々のことも思い浮かびました――ヘンリー・フォンダ、ケイリー・グラントとダイアン・キャノン夫妻、オリヴィア・ハッセー――彼らは、わたしと同じように、この凶行をより鮮明に想像できるので、恐怖の思いにつきまとわれたと思います。

あれから何年もたった今も、こみあげる感情は同じです――何も起こるはずがないと思われた、あの美しい家で起こったことへの怒り。涙。空しさ。想像を超える無意味さ… 気の毒としか言えない、あの罪のない犠牲者たちは、その日の朝、目覚めたとき、もう二度と新しい日の出を見られないことを知るすべはなかったのです… それはわたしたちの誰一人、自分に何が起こるか、この世で過ごす時間がどのくらい残されているかを予知することはできないことを告げています。言い換えれば、自分のために、そして愛する者のために、今ある時間をしっかり生きるべきなのです。

シエロ・ドライブの惨劇から少したって、勇気を振るい起こし、あの家にルディ・アルトベッリを訪ねました。家と敷地は清掃され、彼は数頭の番犬と住んでいました。しかし不気味で居心地が悪くて長くはおられず、以来、訪ねることはしていません。ルディは結局、あの家を売却し、建物は壊されて面積1115平方メートルのマンションが建てられ、不法侵入者や観光バス、物見高い人々を寄せつけないために、住所も変更されたそうです。わたしとしては、1969年8月にあそこにあったものが、レンガ1個、木1本、草の葉1枚残されていないほうが、心の休まる気がします。

〝シャロン・テートの家〟とのつながりは、それから数年後、まったくの偶然から再び遭遇することになりました。

きっかけはギリシャのアテネでした。他に客のいないカフェに数人の友人と座っていると、美しい女性がテーブルに近づいてきて、わたしに手を差しのべました。

「失礼します。ご存じないでしょうが、わたしはナナ・ムスクーリという者です。パリのテレビでミュージカル・ショーに出ていて、ゲストにお迎えできるとうれしいのですが……」

謙虚で敬意をこめたその言葉に心が動き、数日後に行くことになっていたロンドンの連絡先の電話番号を渡しました。すぐにわかったのですが、ナナ・ムスクーリはギリシャの人気歌手で――事実、ギリシャでは歴代で最も国際的に名の知れた女性シンガーで――BBCのバラエティ番組も持っていました。彼女と一緒にいた男性はギリシャで大活躍をしていた作曲・作詞家のミキス・テオドラキスでした。ミズ・ムスクーリもミスター・テオドラキスも、さすが付きあう相手が一流です。

ナナからの電話をロンドンで受け、パリで撮った彼女の番組は大変楽しいものでした。『ロシュフォールの恋人たち』で振付けを担当したノーマン・マエンが、ここでも振付けをしてくれたというボーナスもありました。親しい友達となったナナは、わたしにパリに留まることを薦め、その結果、フランスのテレビが、わたしのスペシャル番組をつくってくれるとか、ポリドール・レコードで録音するということにも発展しました。

パリでの滞在は長いものとなり、交友の輪も大きく広がりました──オマー・シャリフ。アラン・ドロン。ジャン・ポール・ベルモンド。息がとまるようなソフィア・ローレン。〝マカロニ・ウェスタン〟ブームで名を上げたセルジオ・レオーネ監督など。あるパーティの席で、レオーネ監督はフランス語でこう言っていました。「クリント・イーストウッドが見せる表情は2つ──帽子を持っている時の表情と、持っていない時の表情」だと。

社交の席で、あのすばらしい映画女優、ミッシェル・モルガンとも知り合いになりました。カンヌ映画祭での最優秀女優賞を始め、彼女のキャリア上の実績は枚挙に暇がありませんが、すば

ゴールドウィン撮影所
で宣伝写真撮影。
1969年。

ナナ・ムスクーリと。
パリ。1975年。

らしく魅力的な女性でもあるのです。

ある夜、彼女は第2次大戦中、ハリウッドに住んだときのことを話してくれました。住まいに選んだのは、大勢のスターたちの家があるビバリーヒルズの中心にほど近く、しかし人目につかない場所で、そこにフランスのカントリー・スタイルの家を自ら設計したそうです。ところが住み始めると、夜な夜な、彼女の表現を借りれば〝不気味な音〟が聞こえ、怖くなって結局、その家は売ることにしたのです。

彼女が建て、彼女を怖がらせた〝不気味な音〟のする家の住所はシエロ・ドライブ10050番地。かつてわたしが住み、〝シャロン・テートの家〟となった場所だったのです。アテネのカフェ〝I〟でギリシャの歌手に偶然出会い、そのご縁で、更にミッシェルとの出会いがあって…これは〝偶然〟で済ませられることでしょうか？

ミッシェルを始め、大勢の人に引き合わせてくれたナナ・ムスクーリ、ありがとう。あなたのトークショーのゲストに招いていただき、それがいろいろな別のチャンスにつながりました。いつも温かく、心の広い友人であり、生涯の宝となるパリの思い出を与えてくれたあなたに感謝します。

次に撮ったのは『真紅のシャロン』というスペイン映画… そして仏西共同製作で、シャルル・ボワイエ、ロバート・テイラー共演の『ホットライン』… アメリカに戻って幾つかのテレビ出演… 日々が楽しく、また、あまりにも忙しかったので、何年もご無沙汰だった『ウエストサイド物語』のプロデューサー、ハル・プリンスから電話がかかってきた時は、不意をつかれた感じでした。

1、2分、近況を語りあい、互いの無事を確認すると、彼は端的に本題に入りました。

「エレイン・ストリッチと『カンパニー』の全国ツアーで、主役を演じる気はあるかい？」

第十一章　プラトニック・ラブ

『カンパニー』は1年ほど、ブロードウェイでヒットをつづけているスティーブン・ソンドハイムのミュージカルです。ブロードウェイのオリジナル・キャストを務めたエレイン・ストリッチが全国ツアーにも参加するのです。エレイン・ストリッチ！　もちろん、何が何でも参加します。

次に気づいたときは、もう……　ハル・プリンスがプロデュースする、ソンドハイムのヒット・ミュージカルの舞台に出る準備をしていました。

ニューヨークにアパートを借り……　ブロードウェイをバスで下って、アルヴィン劇場でのリハーサルへ……　リハーサルにはルース・ミッチェルが……　1958年、ウインター・ガーデン劇場のステージ・マネージャーで、ジェリー・ロビンスのオーディションに、わたしを送りだしてくれた女性です。

偉大なる故ヨギ・ベラ選手の言葉を借りれば、「すべてがデジャヴ」でした。……と思えたのですが…… それまでずっと、心優しく、フレンドリーで、笑顔を絶やすことなく、わたしをいつも温かくサポートしてくれていたルース・ミッチェルが、悲しげで辛辣な女性に変わっていたのです。仕事の分野では相変わらずピカイチでしたが、笑顔が消え、仕事を楽しんでいる様子が見られませんでした。仕事の現場でも厳しい表情で全員が集まるのを見守り、1分でも遅れると、にらみつけるのです。どうしてそのような悲しいことになったのかは知りませんし、もちろん尋ねもしませんでしたが、わたしは内心、ハルの共同プロデューサーになったことの影響ではないかと思っています。理由は何であれ、彼女が気の毒で、再び一緒に仕事ができることをうれしく思いました。

全国ツアーは、ロサンゼルスのアーマンソン劇場での公演が皮切りで、それに向けてのリハーサルが始まりました。オリジナル・キャストはエレインを含めて、毎晩、アルヴィン劇場で公演をつづけていました。そこには、すごい才能が集結していました。まず、エレイン・ストリッチ。ドナ・マッケニー。テリ・ラルストン。バーバラ・バリー。ラリー・カート。そして、チャールズ・キンボロー。エレインが全国ツアーのためにニューヨークを去ると、ジェーン・

ラッセルが交代することになっていたので、わたしはジェーンのブロードウェイ出演の準備として、彼女とリハーサルをすることになりました。ジェーンは物静かで、集中力を持ち、リハーサルにはいつもエージェントかマネジャーらしい男性が付きそい、一人でいることを好む女性でした。エレイン・ストリッチの後を継ぐのは大変なことで、評論家は必ず比較をしたがるでしょうが、その中で全力投球をしたジェーンは立派でした。

全国ツアーでサラの役を射止めたのは、マルティ・スティーブンスという、すばらしい女性でした。とびきり美しく、よい声を持ち、誰にも負けないプロで誠実。また名の知れた映画スタジオの幹部、ニコラス・シェンクの娘でもあるのです。芸能界のエリート階級のなかで育ち、そのだれからも愛されていたのに、有名人の名を挙げて自慢するようなところが、まったくないことにも好感を持ちました。

マルティとは対面初日から気が合って、よい友達になり、リハーサルが終わるとアルヴィン劇場の楽屋口の近くにあった〝フォルノ〟という人気のステーキ屋に直行。いいワインを一杯飲みながら時を過ごしました。

ハル・プリンスは時々、予告もせずリハーサルの様子を見に現れましたが、まだ通しのリハーサルもしていないある日、役づくりを徹底するために、1回、マチネーに出る気はないかと、わたしに尋ねたのです。彼がなぜそういう気になったのかはわかりませんが、わたしの答えは〝もちろん！〟です。そのことを知ったマルティは、自分もトライしたいとハルに頼み、何と2人でブロードウェイに出ることになりました！　正真正銘のマチネー公演です！　そしてわたしたちは、何のトラブルもなく役目を全うしたのです！　キャストとクルーの心強いサポートと激励が、最後まで私たちの助けになりました。いま思っても、胸の躍る午後でした…。

と喜んだのはつかの間。マルティがルース・ミッチェルに演技の感想を聞きに行った途端、ルースはその場のだれにも聞こえる大声で“F***k off!”（「お下がり！」）と、どなりつけたのです。間違いなく、かつてわたしが知っていたルース・ミッチェルではありません。ルースがなぜ、何のために感情を爆発させたのかは、だれにもわかりませんでしたが、それがマルティ個人に向けられたものでなかったことは、皆が理解しました。ルースは一度、エレイン・ストリッチにこう言ったそうです。「わたし、あなたのそばに寄るのが怖いの」。それに対してエレインは「あなただって、〝人好きのする人気者〟じゃないわよ」とやり返したそうです。

エレインを最初に見かけたのは、アルヴィン劇場の楽屋口を入った時、舞台の裏方さんと話をしている彼女でした。紹介されていないので何も話しかけず、彼女が劇場で働く人のすべてと知り合いだという噂は本当なのだ、と思っただけでした。誰かが、こう言っているのを聞いたこともあります。「エレインを家に招くなよ。帰ろうとしないから」。どういう意味だったのか…　その意味を質すこともしませんでしたが、冷たい言葉に思え、彼女と知り合いになりたいという気持ちは変わりませんでした。そして知り合いになるのに、さほどの時間はかからなかったのです。

繰り返しますが、マルティ・スティーブンスはあらゆる人を知っていたのに、彼女自身がそれを自慢げに口にすることはありませんでした。ある夜、「リハーサルが終わったら〝フォルノ〟で早めの夕食をしましょう。ニューヨークに来ている友人が、その友達を数人つれてくるから」と、誘われました。その友人はサー・ノエル・カワードだったのです。彼と同じ場所で一緒になったのは、ロンドンでの『ウエストサイド物語』の初日以来です。テーブルには彼と、マルティとわたしの3人。彼と親しく話ができるなんて…　心が躍りました。

驚きはそれだけではありませんでした。エレイン・ストリッチが店に入ってきて、その夜の『カンパニー』の幕が開くまでの少しの時間、わたしたちとテーブルを共にしたのです。彼女とマルティはすでに友達で、エレインはノエルをよく知っていました――ノエルが脚本と音楽と歌詞を書いたロンドンでのミュージカル、『セイル・アウェイ』の主役を演じたのですから。わたしは黙って「それ、どこの話？　わたしが？」というような3人の楽しい話に聞き入っていました。

それはとても寒く、時々みぞれの混じる、典型的なニューヨークの冬の夕方でした。狭い部屋に閉じこめられたかわいそうなクローク係の女の子は、レインコートやオーバー、マフラー、帽子、傘などの山に埋もれかけていました。ミスター・カワードは彼女に背を向けていたのですが、それを見たエレインは彼に身を寄せ、こう言いました。「ノエル、後ろのクロークの女の子にハローと言ってあげてくれる？　彼女、あなたが気になって、心ここにあらずだから」。ノエルは後ろを振りむいてクロークの女の子に目をやり…　エレインに向き直って言いました。「〝ここにあらず〟って、あの子、外に出られないよ」

何という機転の利いたウイットでしょうか…　それに応えたエレインの笑い声も、心の奥底から湧きでたものでした。この女性と仕事をしたいという気持ちが高まりました。

ニューヨークでのリハーサルがやっと終わり、アーマンソン劇場で先を続けるため、わたしたちはロサンゼルスに飛びました。

アーマンソン劇場のリハーサルで一番ツラかったのは、1日が終わった後、ところどころに隔壁のある地下駐車場で、自分の車を見つけることだったかもしれません。疲れ果て、早く家に帰りたいと脚を引きずりながら駐車場にたどり着き、車を探してもどこにも見あたらない。レッカー移動されたのかと、本気でタクシーを呼ぼうと考え、隔壁の後ろに隠れていた車と、涙目でやっと再会する…　ということが何度あったでしょうか。

ソンドハイムのすべての作品がそうであるように、『カンパニー』は演じる者にとってチャレンジであり、また心が高揚するミュージカルです。

主人公はニューヨークに住むボビー（わたしの役）という独身男。友達は皆、結婚してるか、婚約している。ハリーとサラ（マルフィ）、ラリーとジョアン（エレイン）は結婚しているカップルです。人生で責任をとること、そして責任をとることへの怖れが、このミュージカルのテーマです。

第2幕の見せ場は、ジョアンとボビー（エレインとわたし）がナイトクラブで一杯飲みながら、彼女の夫ラリーがダンスをしているのを見ている場面です。酔いのまわったジョアンは、人生を実際に生きようとせず、傍観しているだけの人間のことを語り、「ランチをするレディたちへ」と冷笑をこめた乾杯をします。

『カンパニー』。エレイン・ストリッチとの舞台。1971 年。

ローレル・キャニオンの自宅で。
1971 年。

美しいダイナ・ショアの番組に
ゲスト出演。1971 年。

〝ランチをするレディたちへ
だれもが笑う。

ガウン姿でくつろぎ
自分のための
ブランチを計画してる…〟

拍手がわき起こる〝ジョーストッパー〟の歌で、エレインのトレードマークとも言えるナンバーです。彼女はもちろん見事に歌いあげるのですが、ある夜、この歌を歌い始める直前、観客席に女性だけの滅多にない大グループがいるのを見て、わたしに身を寄せて小声で言いました。

「見て。この歌で、彼女たちに絶対、憎まれるわ」

この場面が終わる少しまえ、ジョアンはボビーに「わたしと寝ない？　あなたの面倒は見るから」と持ちかけます。ボビーはそれに対し「じゃ、ぼくはだれの面倒を見るんだい？」と返し、彼の本音を聞かせるナンバー、「生きるということ」を歌います。

〝ぼくを抱きしめてくれる誰か。
ぼくを深く傷つける誰か。
ぼくのイスに座って
ぼくの眠りを乱す誰か。
そしてぼくは知る。
それが生きるということだと…〟

エレインはこのナンバーを「11時の歌」と呼んでいました。業界表現で、第2幕が終わりに近づき、物語がきちんと締めくくられる前に歌われるナンバーのことです。すばらしい歌で、毎晩毎晩、この歌を歌うのが楽しみでした。役者生活の上で一番うれしかった褒め言葉は、ショーを観たスティーブン・ソンドハイムが、こう言ってくれたことです。「今夜の〝生きるということ〟は、今まで聞いたなかで最高だったよ」

終演後は毎晩、マルティ、エレイン、そして、わたしの三人で過ごしました。エレインがかなりの酒豪だという話は方々で聞いていましたし、彼女はそのことを少しも隠そうとしませんでした。何年か後、『リバティでのエレイン・ストリッチ』というワンウーマン・ショーでも、かなりの長い時間を割いて、このことに触れていました。あけすけな彼女の話によると、お酒を飲みだしたのはローティーンのころからで、舞台恐怖症や、その他の精神的不安に襲われると、それを抑えるためにアルコールに頼るようになったそうです。わたしは彼女と『カンパニー』でほぼ1年、一緒の舞台に立ち、それ以外でも親しく付きあいましたが、断固として彼女が酔ったところを見たことはありません。一度たりともです。開幕前にブランデーを1ショット。休憩時間と、彼女の言う〝11時の歌〟の前に1ショットずつ。終演後、マルティとわたしと一緒の時もワイン1杯で、それ以上は口にしませんでした。権威ある劇評家ですら、〝彼女のジン漬けの声〟などと書くので、いつも腹が立ったものです。彼女の声は〝ジン漬け〟ではありません。〝すばらしい〟声。エレイン・ストリッチの声です。

生涯のかなりの部分を舞台の上で過ごしてきましたが、舞台でエレインほど人を惹きつけ、自然体で、正直な人を見たことがありません。ある晩、芝居の最後の場面を演じていたときです。彼女の片方のつけまつげが外れかかりました。たいていの女優なら、瞬間、凍りつき、息をのみ、その場面が終わり無事に舞台の袖に引っ込むまで、つけまつげが落ちないことを祈るでしょう。エレインは違います。一瞬の間を開けることもなく、長い一日の後、自宅のリビングでくつろいでいるかのように、外れかけたつけまつげを取って灰皿に捨て、もう片方のつけまつげも灰皿に捨てたのです。ごく自然で勇敢。まったく悪びれない。それが彼女です。初日のパーティには、当時、ファッションの先端だったホットパンツ姿で現れたので、わたしは〝やった〟と思いました。彼女は当然のことですが、美脚であることを自慢に思っていて、そのホットパンツ姿はカッコよく、まるで彼女のために考案されたようでした。

ロスに滞在していたとき、エレインは同じ年代の魅力的な男性に出会い、彼と週末を過ごしました。彼女は当時、独り身で、同意の成人同士なのですから、何も問題はありません。月曜に劇場に出てきた彼女は、まったく臆することなく、その夜のことをわたしに話しました。「楽しかった？」と尋ねると、彼女は肩をすくめて言いました。「彼がフェラチオは嫌いだと言うので、わたしは、そういう話題も嫌いよ、と言ってやったわ」。自分のことを話すのに、エレインほど自然で、正直な人は他にいないでしょう。

アーマンソン劇場の休演日と重なるある夜、アーマンソンと、近くのドロシー・チャンドラー・パビリオンを使い、スーパーセレブを招いたチャリティ・ガラが催されました。ストライザンドからシナトラ、グレース王妃まで、思いつく限りのセレブたちです。彼らがわたしたちの楽屋を使うというので、毎晩、劇場を出るまえにロックして帰る電話機以外は、楽屋に置いてあるものはすべて持ち帰るようにとのお達しが出ました。

バーブラ・ストライザンドが自分の楽屋を使うことを知ったエレインは、口紅で鏡にメッセージを書き、おしゃれな花瓶に一輪のバラ。そして一筆を記した上等なカードを残しました。

わたしの楽屋はだれが使うのかとエレインに聞かれ、知らないと答えると、彼女はあちこち尋ねて、グレース王妃であることをつきとめました。

「何かメッセージを残しなさい」とエレインに命令されました。

確かにいいアイデアでしたが、2つ、小さな問題がありました――まず、わたしはカードなど持っていないし、それにグレース王妃にいったい、どんなメッセージを書けばよいのでしょう。

エレインは彼女のカードを1枚くれて、こう書きなさい、と言いました。

ガラの当夜、グレース王妃がわたしの楽屋に足を踏みいれて目にしたのは、ドレッシング・テーブルの上のロックされた電話機と、その横に置かれたカードだけです。それにはエレインが言った、こういう文句が書かれていました。

「親愛なるグレース王妃さま、ご自宅にお電話なさりたければ、わたしが電話機の鍵を持っています」

約1年の『カンパニー』のスケジュールには、7週間のサンフランシスコ公演が入っていました。たまたまロンドンから友人が来ていて、終演後に食事をすることになっていたある夜、舞台に出る準備をしているとマルティがわたしの楽屋に頭をつっこみ、「今夜、友達が来ているから、終演後、食事に付きあって」と、わたしを誘いました。

ニューヨークでのノエル・カワードの1件もあったのですから、そこは両天秤《てんびん》をかけ、予定を変更することもできたのです。でもわたしはそうせず、ロンドンからの友人との先約のことを話しました。マルティはあっさりと「仕方ないわね。またの機会に」とだけ言って、頭を引っこめました。

数分後、開いていた楽屋の外をブロンドの女性が通りすぎ、すぐ先のエレインの楽屋に向かうのがチラッと目に入りました。その数秒後に気づいたのです。「まさか！　今のはディートリヒだ！　マルティの友人というのはディートリヒだったんだ…　わたしは彼女と食事をするチャンスを断ってしまったのか!?」

言うまでもないでしょうが、わたしはロンドンの友人たちとの約束を別の夜に移し、〝トレイダー・ヴィク〟でエレイン、マルティ、そしてマレーネと席を共にしました。マレーネはとても物静かで、ブルーのスラックスとコーディネートしたジャケット。ノーメイクでした。わたしの席は彼女の真正面でしたが、食事の間中、彼女を見るときは、しっかりアイ・コンタクトができるようにしました。会話を進めてくれたのはエレインとマルティで、楽しいおしゃべりが終わるのは本当に残念でしたが、最後は「おやすみなさい。楽しかった。また近いうちに」という定番のお開きの言葉で終わりました。たった2時間ほどの食事でしたが、わたしはその間に、マレーネ・ディートリヒに頭から恋をしてしまったのです。

どこからそんな勇気が出たのか、その夜、わたしはマレーネのホテルに電話をしました。覚えているのは、彼女がとても丁寧に対応してくれたこと。そして受話器を置いてから、自分がバカなことを言ったのではないかと、ひたすら恥ずかしく思ったことです。思い返すと、彼女はわたしの声から、真剣な想いと羞恥心を感じとり、あのように優しい態度を見せてくれたのでしょう。わたしはまさに初恋をした高校生のようだったのです。

翌日の夜、楽屋で舞台に出る準備をしていると、彼女がドアから首をつっこみました。本当に彼女です。もうひと晩、滞在を延ばすことにしたというのです。こうしてディートリヒは二晩つづけて舞台袖で『カンパニー』を観てくれました。舞台に出ていても、彼女が袖にいることが意識から離れず、そのときだけは、わたしのキャラクター、ボビー、がほぼ舞台に出つづけであることが残念に思われました。

その夜は、わたしの衣裳係ジョンの誕生日でした。あとから聞くと、マレーネは彼に「あなたの誕生日と知っていたら、何かプレゼントを持ってきたのに」と言ったそうです。「わたしへの一番のプレゼントは、カーテンコールの時にあなたが舞台に出て、お客さまに挨拶をしてくださることです」と、ジョンは答えました。

いよいよ…　最後のカーテンコールのとき、エレインが舞台のまえに進み出て、観客を鎮めてから言いました。「2晩つづけて、楽屋を片づけたり、舞台の掃除をしてくれたりした方がいます」。そして左腕をわたしの方向に挙げました。ディートリヒがカーテンの後ろから現れ、わたしの隣に立ちました。舞台の上手に立っていたのは、わたしたち2人だけです。(カメラマンはどこ!?　こういう時にこそ必要なのに!)　エレインはマレーネの名を言いませんでした。必要なかったのです。後になって、マレーネ自身は名前を言ってほしかったと言っていましたが…　客席はたちまち興奮の渦に包まれました。スラックスにダブルのジャケット。フラットシューズ。かすかな口紅だけで、フワッとふくらませたヘアー。ただの短いカーテンコールなのに、マレーネ・ディートリヒは観客とわたしたちに、その夜、その劇場にいた幸せを感じさせてくれたのです。

その夜の『カンパニー』の公演はこうして終了。そのあとは?

答えは、エレイン、マルティ、ディートリヒ、舞台監督のベン・ストロバッハとわたしの5人で、各劇場の俳優たちが終演後によく行く、通りを隔てたところにある居心地のいいピアノバー／レストランに繰りこみました。混みあった店内を通り抜け、奥のこぢんまりした個室へ。何も画策したわけではありませんが、わたしの席はディートリヒの隣で、恋してる者には、とてもうれしいことでした。しばらくすると彼女はテーブルを離れてピアノのそばに行き、「リリー・マルレーン」を歌い始めました。彼女の〝おはこ〟と言えるドイツ語の歌で、息をつめてうっとりと聞き入るわたしたち数人のために歌ってくれたのです。「こんなこと、彼女はめったにしないのよ」とマルティはわたしにささやき、それはディートリヒが本当にその夜を楽しんだ証だと、心でその光栄に感動したのでした。

夜が更け、ホテルに帰っても、もうルームサービスはないだろうと、エレインとベンはテイクアウトのターキーサンドを注文しました。ウエイターがそれを持ってくると、ディートリヒはすばやくエレインのサンドイッチを没収し、「彼は一番働いたのよ」と、それをわたしにくれたのです。お腹がすいていたかどうかは関係なく、わたしはそれをきれいに平らげました。ディートリヒはベンのサンドイッチもわたしにくれましたが、それも平らげました。終演後に2人前のターキーサンドを完食したのは生涯でそのときだけです。状況を考えれば、当然だと思われませんか？

その夜が終わるまえに、ディートリヒからいただいたのは、カードを添えた美しい瓶に入ったクルヴォアジエ。それから長い間、大切にした2品です。うちにいらっしゃい。手料理をご馳走するわ、とも言われました。彼女はその翌日、サンフランシスコを去りました。何もロマンスめいたことがあったわけではなく、その後は1度だけ、アーマンソン劇場での『マレーネ・ディートリヒとの一夜』と銘打ったワンウーマン・ショーでお目にかかりました。伝説のディートリヒは、わたしの胸の中で永遠に特別な地位を占めています。強烈な魅力を持つ女性、また映画スターとしてだけではなく、わたしの人生で最大のプラトニック・ラブとしてです。

『カンパニー』はディートリヒが去って間もなくサンフランシスコ公演の幕を下ろし、トロントに移動しました。トロントでのわたしたちにとって、一番の優先事項は、オキーフ劇場に出ているライザ・ミネリ・ショーのチケットをいかに手に入れるかということでした。わたしたちの公演がオフの休演日のチケットです。言うまでもなく、ライザはその昔、わたしがお母さんのジュディ・ガーランドとラスヴェガスの舞台に出ていたとき、まだ10歳だった、あのかわいい女の子です。ライザのライブ・ショーには、すでにあらゆる最上級の形容詞が使われていて、舞台の彼女はそのすべてを満たしていました。

エレイン、マルティ、そしてわたしは、その夜、ライザのために開かれたパーティに出席しました。大盛会。だれかがもちろん「お願い、ライザ、歌って！」という声を飛ばしました。ライザは歌い、会場を魅了しました。更にホステス役を買ってでたエレインは、トークを混じえ、聞く者の心をつかむ「忘れられない彼の顔」を歌い、それに負けじとばかりに、次はマルティがマレーネ・ディートリヒとジュディ・ガーランドの見事な物まねをやってのけました。ライザ・ミネリが見ているのですから、大した勇気です。そのあと歓声と拍手が浴びせられると、エレインはマルティに言いました。「マルティ、自分で自分のマネができるわたしはラクだわ」。

エレインのざっくばらんな物言いは、彼女を知るだれもが知っています。彼女に人気をもたらした〝宝物〟であり、腹を立てやすい人は〝火種〟と見なすものです。彼女は決してゴシップ好きではなく、それを濾過《ろか》するフィルターは持っていたのでしょうが、あまり使わなかったということです。

彼女の話は真実で、鋭い感覚でいつも的を射ていました。

『カンパニー』で初めて仕事を一緒にしたとき、彼女は自分の楽屋のドアをいつも開けっぱなしにしていることで有名でしたが、その反対に、わたしはいつもドアを閉め切っていて、彼女はそれに気づいたのです。ある夜、開幕前でしたが、彼女はブランデーが切れたから一口飲ませてと、わたしの楽屋に立ち寄りました。楽屋から出ていこうとした彼女は、閉めかけたドアを半分開けて「このドアは本当に閉めておきたいの？」と、意味を持たせた聞き方をしました。何が言いたいかは明白だったので、「閉めておいて」と答えると、彼女は言いました。「それが舞台の出来に何か関係あると思う？」わたしは思わず吹きだし、その夜以降、楽屋のドアはいつも開けっぱなしにしてあります。

『カンパニー』の第2幕、幕が開くと、わたしは舞台の上手、バースデーケーキがのったテーブルの後ろに立っていて、エレインは観客に背を向けて座っています。ある晩、ケーキのローソクに火がつけられ、まさに幕が上がろうとした時、エレインはわたしを見て「イヤだ。あなたジェーン・フォンダにそっくりよ」と言ったのです。わたしは吹きだし、幕が上がった時も、それを抑えるのに必死でした。

本当に愛すべき女性。

そして楽しかった『カンパニー』。すばらしい思い出ばかり。

でも、それが変わることになったのです。

第十二章　最大のトラブル

ハルはサンフランシスコの〝トレイダー・ヴィク〟で、キャスト全員に打ち上げディナーを振る舞ってくれました。

レストランに入りかけると、舞台監督のベン・ストロバッハが「ハルが話したがってる」と伝えてくれました。

もしかしたら、予定されている『カンパニー』のロンドン公演に誘われるのでは、と心がそそられました。

しかし、そうではありませんでした。食事が終わり、トレイダー・ヴィクを出ようとしていると、ハルが近寄ってきて「〝サイド・バイ・サイド〟のダンスをカットしてもいいかな?」と無造作に言ったのです。

思いがけない話で、そのなかに〝ロンドン〟という言葉がなかったこともあって、何も考えず「ええ、いいですよ」と答えてしまいました。

その答えは間違いだったと、月曜の朝、トロントでリハーサルを始めた瞬間から悔いを感じました。〝サイド・バイ・サイド〟はボビー（わたし）が歌う『カンパニー』のオープニング・ソングで、場面はナイトクラブで開かれているボビーのバースデー・パーティ。何組かのカップルを親友と思っているけれど、実際の自分ははみ出し者なのだと述懐する歌です。

〝ここは温かい
ここはバラ色
サイド・バイ・サイド・バイ・サイド
嵐の日の港
安全で快適
サイド・バイ・サイド・バイ・サイド…〟

このミュージカルのすばらしい振付けを担当し、ショーを成功に導いた功労者でもあるマイケル・ベネットが、わたしのために、この楽しいダンスナンバー、〝サイド・バイ・サイド・バイ・サイド〟を創ってくれたのです。月曜の朝、リハーサルが始まり、ハルの言葉が現実になって初めて、その意味がショックとなってわたしを襲いました。「〝サイド・バイ・サイド〟のダンスをカットしてもいいかな？」というハルの問いには、「いいえ、よくありません。カットしないでください」と答えるべきだったのです。

ハルはサンフランシスコで、あのダンスは要らないんじゃないか、という意見を友達から聞いたらしいのです。それだけでその場面をカットする？　そんな簡単に？　マイケル・ベネットがこのダンスナンバーを加えたのは、わたしが『カンパニー』のキャストに加わったあとで、歌そのものと、ボビーの心の葛藤を浮き立たせるのに必要だと考えたからです。このナンバーを最初に見たエレインは「最初からこうあるべきだったのよ」と言いました。しかしハルにはマイケル・ベネットやエレイン・ストリッチ、またわたしの意見より、食事か酒の席で、たった一度しか舞台を観ていない何人かの友人の意見のほうが重みがあったのでしょうか？　だれが納得できます？　どういう芸術的な判断が働いたのでしょう？

この時点で、わたしはすでに不満を抱いていたのに、ハルはそのうえ、この歌そのもののコンセプトを変えるアイデアを持ちだしてきたのです。

初演からのオリジナルの舞台装置は、批評欄でも絶賛を浴びたのですが、実際に上下するエレベーターを使うものでした。その場面に登場するボビーの友人カップルはエレベーターで上に昇り、その間、わたしは舞台レベルで、この曲を歌い踊るという演出でした。

しかしツアー先のトロントでは、バスやトラックで舞台装置を運ばねばなりませんから、必然、舞台のスケールは縮小され、エレベーターは使えません。その代わりに考えられたのが、舞台の左右に何段も何段もある階段をつくり、それが舞台の上のほうでつながるという装置でした。

ダンスをカットする代わりにハルが思いついた名案は、わたしが〝サイド・バイ・サイド・バイ・サイド〟を歌いながら左手の階段を上り、上の橋を渡って右手の階段を下りるというものでした。それだけの階段を上り下りしながら、ソンドハイムの歌の心が伝わるように観客に向かって歌い、演技もするというのは至難の業。すべてがわざとらしく、不自然で、ぎこちなくなってしまうのです。納得できるチャレンジなら、いつでも受けて立つ準備はできています。でも、この時だけは、納得がいきませんでした。

わたしが間違っているのではなく、また自分勝手に腹を立てているのではないことを確かめようと、この問題をエレインにぶつけました。彼女は理解してくれて、ハルと話し合いなさいと強く勧めました。なぜダンスをカットしたのか。ダンスを復帰させ、以前と同じようにステージで踊り、意味のない階段の上り下りに、わたしと観客を付きあわせるのはやめてほしい…。

最初は丁寧に頼みましたが、ハルはほとんど耳を貸しませんでした。トロントでの開幕が数時間後に迫り、縮小された慣れない舞台装置のなかでリハーサルをしていたのですから、無理もないことだったでしょう。

わたしはとりあえず引き下がりました。

「もう一度、話すのよ」とエレイン。もちろん、そのつもりだと、わたしは答えました。

二度目、あまり丁寧とは言えない口調でハルに話しかけると、ほぼ無視されました。

三度目。忍耐は切れかかっていて、それはハルも同様でした。

「ハル、どうして…?」

彼はわたしに顔を向け、直視して、吐きだすように言いました。「それは、わたしがプロデューサーだからだ!」

なるほど。そういうことですか。わたしはその場を去りました。

限界はありましたが、怒りは消えないという状態で、階段を上ったり下りたりしながら、懸命に何とかこの歌を生かす努力をつづけました。ダンスをカットしたのは大きな間違いであり、観客は、すばらしいマイケル・ベネットのナンバーを楽しむ機会を盗まれたのです。とにかく初日は無事に終わり、終演後、いつものように反省点の指摘を受けるため、わたしたちはハルの周囲に集まりました。わたしも耳をかたむけましたが、彼に対して本当に腹が立っていたので、彼を見ることができませんでした。

火曜日も舞台で努力をつづけました。好むと好まざるとにかかわらず、わたしにはそのナンバーを〝生かす〟責任があるのですから、何とかうまくまとめました。やろうと思えば、〝バカげた〟演出であることをありのままに示して、わたしが正しいことをハルに証明することもできました。しかし「復讐とは相手が死ぬことを願いつつ、毒をあおることだ」という、昔からの名言があります。舞台の上でハルに間違いを自覚させ、やはり君が正しかったとわたしに謝らせ、ダンスを復帰させるか。あるいはステージレベルで歌を歌うかを彼に迫るほど、わたしは愚かではありませんでした。

水曜日。階段の上り下りも含めて、納得できる舞台での動きを考えただけでなく、気分もよくなり、ハルへの怒りも消えていました。この出来事すべてを乗りこえ、その夜の舞台を待ち望むほどでした。ところが、その夜の舞台は…予想外の展開になったのです。

ジョアン（エレイン）とボビー（わたし）2人だけの最後のシーンはディスコです。ジョアンの夫と他の友人たちは踊っていて、2人は小さなテーブルでお酒を飲んでいます。かなり酔っているジョアンはボビーに「わたしたち、いつ寝るの？」と聞きますが、ボビーはその誘いに飛びつく様子を見せません。

そういう会話がつづく間に、ジョアンは新しい紙パックのタバコを出し、パックの片側を破り、慣れた手つきでパックの底をポンポンとたたき、飛びだした3、4本のタバコの1本を抜きます。そして「あなたって、ヨワ虫ね」というせりふに軽い意味を持たせながら、タバコのパックをテーブルの上に落とします。

さて、その水曜日。新しいタバコの紙パックを手にしたエレインは、たぶん箱の片側を全部、破ってしまったのでしょう。「あなたって、ヨワ虫ね」というせりふを言いながら、手のひらで箱の底をたたくと、20本ほどの箱のなかのタバコが全部飛びだして、舞台中に散ってしまったのです。

もちろん意図したことではなく、演じている彼女のキャラクターに合わない行為です。キャストは驚き、観客さえ息をのみました。しかし、誰よりも度を失ったのは、わたしです。

アクシデントはそれだけで、その場面を演じ切りましたが、幕が下りて楽屋に戻ってからも、わたしの胸の動悸は収まらず、平静を取り戻せませんでした。いったい、どういうことなのか。

すべての舞台俳優のなかでも一番のプロの1人である彼女が、どうしてあのようなプロらしからぬミスを犯したのか。

長年、一緒に仕事をして、よい友達になったエレインでしたが、その夜、初めて、楽屋が隣同士だったにもかかわらず、帰り際に彼女に「お疲れさま」を言う気になれませんでした。また彼女もわたしに挨拶をしませんでした。

次の夜も、おたがい「ハロー」も「おやすみ」もなし。その次の夜も。張りつめた状態が高まっていきました。それでも、わたしたち2人の最後の場面は、ほぼリハーサルどおりに進んでいました。それまで、彼女が好きで、尊敬していたこともあり、意識していたわけではありませんが、この場面を演じるときは、いつも彼女に芝居のリード権を預けていました。でも、あの突然の出来事、またそれについての説明も謝罪もなかったことで、エレインがわたしのことを、また、わたしの仕事のことをどう思おうと気にしないし、いっさい構わない。好きにしなさい、という気になっていました。それがこの場面のジョアンとボビーというキャラクター間の関係に、微妙な変化をもたらしたのでしょう。エレインの芝居を観ている観客が、それまでになかったところでクスクスと笑うようになったのです。そういう反応は、エレイン自身はまったく意図してなく、彼女はその非はわたしにあると思い込んだようです。

〝タバコ、ばら撒き事件〟があってから4日目の夜、わたしの楽屋にエレインが突入してきて、涙ながらに言い放ちました。「あなたか、わたしか。どっちかが役を降りるのよ！」と。

最初は衝動的に彼女に近寄り、抱きしめたいと思いました。彼女があまりにも取り乱し、苦悩が見てとれたので、わたしが絡んだ事態ではありましたが、慰めたいと思ったのです。しかし彼女はそれを必要とせず、何か話そうというそぶりも見せずに出ていってしまいました。

わたしたちの間の対立は、徐々にではありましたが和らぎ、どちらかが役を降りるという事態には至りませんでした。2人の最後の場面も以前に戻り、「ハロー」「おやすみ」の挨拶も復活。楽屋が隣同士でも気まずく感じることはなくなりました。おたがい、舞台でのあの不可解な感情の爆発…というか、あの出来事を口にすることはなく、彼女にその理由とか、わたしとハルの間の、あの一時的な意見の齟齬《そご》に何か関係があるのかを、尋ねたことはありません。2つの事柄に関連があるとは、とても思えませんが、2日違いの出来事だったので、その可能性は二、三度、頭を横切りました。よい友達を失うことは悲しく、すべてが元に戻ったことが何よりの喜びでした。

ただ、エレインと言葉を交わさない日々が何日かあったことが、不運にも、おかしな後遺症をもたらしました。ある朝、4時か5時だったでしょうか。突然、気持ちの悪い違和感が口を襲い、目が覚めたのです。ベッドを出て、浴室の鏡に映った顔を見た瞬間、思わず驚きの声をあげました。ベッドに入ったときは何でもなかった唇が、夜の間に誰かが忍びこんでひねりあげたように、グロテスクに痛々しく腫れあがっていたのです。すぐ舞台監督に連絡をとり、医者を探して、それから、それから、それから…。

ストレスがそういう症状を招いたことは一度もなく、唖然としました。舞台を数回休まざるを得ず、本当に〝心が痛み〟、責任を感じたのですが、腫れがひくのに、それだけの時間がかかったのです。まるで生体実験が大失敗したかのような顔でしたから。その後も顔が腫れるこの異常症状は何度か突然起きて、そのたびに舞台を休みました。何の前兆もなく、朝起きると唇が腫れていたり、あごがテキサス州のサイズぐらいに、左右対称に見事に腫れていたりするのです。もちろんクローズアップには耐えられない顔ですし、ボビーがなぜ頭のうえに氷嚢《ひょうのう》を乗せているのかを、ハルが観客に説明してくれない限り、2時間半の舞台を務められる顔ではありません。毎朝、顔の腫れを恐れながら目を覚ましました。それはもちろんストレスをつのらせ、それはもちろん顔が腫れる頻度を上げました。ちなみにその間、エレインは元気そのもので、舞台を休むことは一度もありませんでした。

感謝祭を祝ったのはオハイオで、『カンパニー』の興行主は伝統に則ったすばらしい感謝祭ディナーを開いてくれました。わたしはその時も数日、舞台を休んでいたのですが、ディナーには参加しました。感謝祭のご馳走が目の前にあるのですから、わたしの顔が一時的に変形していても、だれも気にしなかったのです。エレインとわたしの間には、まだしこりが残っていました。彼女がフロリダでショーをするという話を始めたので、「エレイン、いいじゃない！　脚にピンクのスプレーをかけて、フラミンゴになれば？」と、つい口走ってしまったのです。自分を恥じるべき言葉でしたが、ストレスが高じ、顔が醜く腫れ、神経が耐えきれなくなると、わたしにもこういう意地悪な面があることを自覚しました。

　わたしの『カンパニー』からの〝退場〟は、厄介なことになりました。全国ツアーはフィラデルフィアで打ち上げとなり、次に〝バスとトラック・ツアー〟が始まるのですが、わたしはその契約を結んでいませんでした。またキャストも誰一人、その契約をしていませんでした。ハルの担当スタッフが、最初の本契約の時点でミスを犯していたからです。ハルが知ったら激怒することは必至。ハルを恐れていたスタッフが、それを隠そうとしたことは容易に察しがつきます。

　そのことを頭に、わたしの驚きを想像してください。フィラデルフィア公演の最中、ハルがわたしを相手に、訴訟を起こしたと知らされたのです。契約もしていない〝バスとトラック・ツアー〟に、わたしが参加しないからという理由でした。何かの間違いに決まっています。ところが信じられないことに、間違いではなかったのです。

わたしはすぐ、アーノルド・ワイスバーガーという弁護士を雇いました。

この言語道断な事のなりゆきに怒りにもだえ、イライラをつのらせながら、ふと思い出したのは、サンフランシスコでの『カンパニー』公演中にあった些細な出来事でした。ある夜、楽屋に入ると、テーブルの上に1枚の紙がのっていました。これは何かと、ベン・ストロバッハに尋ねると、彼は「俳優組合がサインしてくれと言ってる、何かの書類だよ」と軽く言いました。

正しい答えは、こうあるべきだったのです。「ハルのスタッフが、本契約に〝バスとトラック・ツアー〟への同意書を付けるのを忘れたんだよ。ハルとのトラブルを避けるために、連中は君に、その補則条約にサインさせることが必要なんだ」

幕が開くまえだったので、内容をよく把握しないまま、その書類をザッと見て、サインはせず、そこに置いておきました。翌日、ルース・アーロンズにそれを送り、彼女から更に、わたしのエージェントであるウィリアム・モリス・エージェンシーに回したということを聞きました。ハル・プリンスがわたしを訴えたということを聞くまで、その書類のことが脳裏によみがえったことは一度としてありませんでした。

訴訟事件は仲裁解決を経ることになりました。わたしはフィラデルフィアから列車でニューヨークのオフィスへ。仲裁人を交じえて、大きなテーブルを囲みました。片側にわたし、わたしの弁護士、俳優組合の弁護士。反対側にルース・ミッチェル、ハルの契約関係全般を管理しているボビー・フィッシャーです。

仲裁人はある時点で、「〝バスとトラック・ツアー〟の一件に関わる混乱は、ルース・アーロンズが知っていたはずだが」と言及しましたが、不思議なことに、わたしの側のテーブルにいるべき彼女は、その場に姿を見せていませんでした。

すべての事実はわたしの正しさを示し、俳優組合もそれを支持しているのにもかかわらず、仲裁人はハルに有利な決定を下しました。わたしは怒り心頭。何という不当な政治的裁定でしょう。ハルが仲裁人を買収したか、少なくとも圧力をかけたのではないかと疑いました。しかし裁定は裁定。わたしはハルに5000ドルの示談金を払うことになり、実際の支払いは、ルース・アーロンズの説得でウィリアム・モリス・エージェンシーが行いました。

『カンパニー』の契約は終結となりましたが、わたしの代役を探す時間が必要なため、2週間、〝バスとトラック・ツアー〟に付きあうことに同意しました。全国ツアーのキャストも、誰一人〝バスとトラック・ツアー〟に参加する義務はなかったのですが、何人かは喜んで申し出を受けました。何と言っても仕事は仕事で、すばらしいショーは、すばらしいのですから。最初から参加を希望しなかった者――たとえばエレインとかわたし――は別のプランを立てていて、その方向に進むつもりでした。新しいツアーでエレインの役を引き継いだのは、歌も芝居も達者な女優、ジュリー・ウィルソンで、彼女との仕事は楽しく、また彼女にとって、忘れられない経験となるであろう役づくりの準備を手伝いました。

ジュリー・ウィルソンとの最初のリハーサルで休憩をとっていると、ハルが穏やかにわたしに言いました。「(バスとトラック・ツアーの契約にサインしたことを) 君は知らなかっただろうが、ルース・アーロンズは知っていたと思うよ」と。仲裁人が言ったとおりのことでした。しかし、その時点で何の益があるでしょう? 勝訴したのはハルです。「わたしがプロデューサーだ!」なのですから、彼は勝たねばならなかったのです。道は二択でした。取り憑かれたように、いつまで続くかわからない上告裁判に持ちこむか。分別を持ち、このことは忘れて先に進むか。

わたしはすべてを忘れ、先に進む道を選びました。それを後悔したことはありません。

『カンパニー』の最後の数週間を彩ったこの騒動とドラマ、またその決着を振り返って言えるのは、このミュージカルと、ソンドハイムの作品を演じた歓び。そしてマルティ、すばらしいチームの仲間たち、そしてもちろんエレインを知り、仕事を共にし、親しい絆を結び合えた幸運と比べれば、後者のほうがはるかに大きな価値を持つものだったということです。

幸せなことに、その後もエレインとの関係が疎遠になることはありませんでした。『カンパニー』以後、何度も顔を合わせましたし、あの時のような波風が立つことは二度とありませんでした。

たまたま同じ時期にパリに居合わせれば、時を共にしましたし、彼女のワンウーマン・ショー、アーマンソン劇場での『エレイン・ストリッチ・アット・リバティ』には4回も足を運び、そのたびに楽屋を訪れました。

彼女がジョン・ベイと出会い、結婚して、ロンドンのサヴォイ・ホテルで暮らしていたときも、しばしば会っていました。

シカゴでキャロル・ローレンスと『アイ・ドゥ、アイ・ドゥ』の特別公演をしていたときには、CMを撮影していたエレインが、わたしが同じ街にいることを突きとめ、訪ねて来てくれたこともあります。わたしがシカゴにいることをどうやって知ったのか。彼女はわたしを見つけ、人生談義やら、この世はまったく予測がつかない、などというおしゃべりをしました。彼女とジョンの幸せな結婚生活は9年つづき、その間も彼女はウエストエンドの舞台で、次々にヒット

『カンパニー』のあと、ダラス・サマーシアター・ミュージカルズで
『ザ・ファンタスティックス』のエル・ガロを演じる。1972 年。

作品を飛ばしていました。しかしジョンは53歳で脳腫瘍のために他界。彼女はロンドンを引きあげてニューヨークに戻り、その後はミシガン州のバーミンガムに自らが建てた家に移り住んでいます。人生は時には残酷です。

彼女が、わざわざわたしを探しだし、極めて個人的なことを打ち明けてくれたことに感動しました。そういうことを軽々しく、誰にでも話す人ではないのです。わたしは胸が破れる思いでしたが、彼女は癒しのハグとか同情を求めていたのではありません。わたしがそこにいることを求めていたのです。このわたしをです。それは、かけがえのない意味を持つことでした。

エレイン、あなたのような人は他にいません。あなたを心から愛し、懐かしく想っています。あなたと、あなたのパワーあふれる魂が、わたしの人生の一部であることは何にも換えられない尊い宝です。

第十三章　BBCへの出演

仕事で再びロンドンへ行くことになりました。行きたくなかったのではありません。ロンドンは、いつでも行きたい街。いつも優しく迎えてくれて、思いがけない幸運をもたらしてくれる街です。このときの旅も例外ではありませんでした。

アメリカを発つ前、デザイナーで写真家の親しい友人、エド・ワッサルと電話で話していて、近々、ロンドンに行くので部屋を探していると言ったのです。エドは「それならちょうど、アパートを留守にする友人がいる。リチャード・チェンバレンという男なんだが、知ってる?」と。その名は知らなかったのですが、もちろん耳寄りな話なので、さっそく、そのリチャードに連絡をとりました。留守の間、アパートを借りてくれる賃借人を見つけた彼は大喜びでした。こうして、わたしは仕事のみならず、ハイドパークを一望のもとに見晴らす、ハイドパーク・ガーデンズの美しい2階フロアの住まいまで手に入れて、ロンドンに到着したのです。

その時の仕事は、『スリラー』という英国短編シリーズの1話で、アメリカではABCワイド・ワールド・エンタテインメントの作品として放映されるものでした。1話完結で、わたしの出るエピソードのタイトルは「キスして、死ね」。わたしの扮するアメリカ人が、突然、行方不明になった兄を捜しに、英国の村にやってくるという話です。とても楽しい仕事で、それを格別なものにしたのは、ジェニー・アガターという若く、目を見張る才能の女優さんを知り、彼女と仕事をしたことでした。

撮影のない日は、ロンドンの心温かい友人たちとの再会を楽しみ、とくに日曜日には、数多くの魅力ある英国劇壇の方々のランチに自宅に招かれ、満ち足りた時を過ごしました。「キスして、死ね」の撮影が終わると、わたしのロンドンのエージェントで友人でもあるアイリーン・フィンチから、アメリカに帰国する前に、わたし／リチャードのアパートで、滞在中、お世話になった方々を、お礼のサンデーランチを招待したら？という提案を受けました。

異論のないアイデアで、当然、わたしがすべきことでした。でも、ひとつ問題が。わたしは招かれるゲストとしては合格なのですが、ホスト役の才能はまったく持ち合わせておらず、何から手をつけるべきか、皆目わからないのです。どういう食べ物や飲み物を用意すればよいのか。食べ物がゲストの口に合わなかったらどうする？　アレルギー症の人がいたら？　音楽は？　音楽は流さない？　流すとしたら、どういう曲？　ゲストが退屈そうな様子を見せたら？　次から次へ、数限りない不安が生まれ、考えるだけで冷や汗が流れました。

心配は無用でした。アイリーンはもてなしの達人で、招待状から料理のメニュー、テーブル・セッティングから部屋の飾りつけまで、すべてに行き届いた準備をしてくれたのです。そして楽しくて気楽、刺激的なゲストたちを招いてくれました。彼らすべてが、わたしと同じくらい、その集いを楽しんでくれたことは明らかでした。彼らの多くは、パーティが始まってから12時間後の夜中の1時ごろまで帰らなかったのですから。

アイリーンが絶対に招待しなさいと言ったゲストの1人は、BBCのプロデューサーだったピーター・ロジャーズでした。彼はサー・ローレンス・オリヴィエを助けて、権威あるチチェスター・シアター・フェスティバルを立ちあげ、また長年、ロイヤル・コート劇場の総支配人を務めた人物で、英国劇壇のあらゆる人を知っているその世界の〝顔〟でした。それにも増して特筆すべきは、彼は有能なプロデューサーであること以上に、真の友人となる人だったことです。キャリアに関する相談に対しては、あらゆるレベルの人と人を結びつける天賦の才を持っていました。問題を解決する手腕は傑出していて、彼に相談を持ちかけた者がその場を去るときは、最初から問題など何もなかったのだ、と思うほどだったそうです。親切で誠実。個人レベルでも職業レベルでも、手間を惜しまず、力になってくれる人でした。

そういう人は、もちろん招かねばなりません！　彼と知りあいになりたくない人間がいるでしょうか？

そして驚いたことに、彼はパーティに現れたのです！

12時間続いたそのランチ・パーティのある時点で、ピーターはBBCで彼が手がけているひとつの企画の話を始めました。『悪名高き女』というタイトルのミニ・シリーズで、フランスの女流作家、ジョルジュ・サンドを主人公にしたものでした。そして突然、「君はイタリア人の医師役に適役かもね」と、わたしに話を振ってきたのです。パーティのホストは、しばしば儀礼的にそういう実のない〝骨〟を客に投げるものですが、彼は本気のようでした。わたしはたぶん「ありがとう。うれしい話です」というように答えたと思いますが、真剣にその先を考えることはしませんでした。こういう話は相手が本気だったとしても、この業界では「パーティでの仕事のオファーは本気にするな」ということを、すぐに学ぶのです。

数か月後、ロスに戻っていると、ロンドンのピーターから電話がありました。BBCが『悪名高き女』の制作に〝ゴー・サイン〟を出し、わたしにイタリア人の医師ではなく、フレデリック・ショパンの役をやってほしいというのです。

青天の霹靂《へきれき》――ショパン役とは！　何というすばらしいオファー！　ご存じのように、ショパンは伝説的なポーランド生まれの作曲家で、神技の持ち主と言われたピアニスト。音楽の真の天才です。またジョルジュ・サンドの生涯を彩った、最も有名な恋人の1人でもあります。全7話のミニ・シリーズで、わたしはそのうちの4話に出るのです。「どう？　興味ありますか？」「もちろん」。もっと正確に言うなら「も、ち、ろ、ん！」です。

時を待たずBBCとの契約書にサインをすると、UCLA図書館に直行して、ショパンとジョルジュ・サンドに関する文献を読みあさりました。音符を読むことは得意だったので、ピアノをレンタルして、ショパンの練習曲《エチュード》のひとつを弾く練習もしました。毎朝ベッドを出ると、役づくりに没頭することを楽しみました。撮影の開始はその年の後半で、それまでに万全の準備をしておきたかったのです。

最初は思い至らなかったのですが、『悪名高き女』のフレデリック・ショパン役にわたしをイメージするとは、ピーターの想像力は驚異です。本読みも、カメラテストもせず、勘だけでわたしに白羽の矢を立て、期待に応える俳優だと、わたしを信頼してくれたのです。それほどの想像力を持つプロデューサーは、めったにいません。この場合はピーターとわたしの両方にとって、それは天のひらめきと言うべきで、今も感謝は尽きません。

そういうところに、本当とは思えない、夢の企画の話が転げこんできました。伝説の舞台プロデューサー、別名〝神〟と呼ばれるデヴィッド・メリックがキャスティングを始めていた、『ダンサーズ』というミュージカルです。演出はトニー賞に輝く振付師／演出家のロン・フィールド。世界的に有名なジョフリー・バレエ団の共同創設者であるロバート・ジョフリーが、振付けを担当するというミュージカルです。オファーされた役は、怪我のために踊れなくなったダンサー。言い換えれば踊るのではなく、芝居で勝負する役です。メリック、フィールド、ジョフリーというスーパスター・トリオが指揮を執るというのですから、答えは決まっています。「もちろん。やらせてください！」

デヴィッド・メリックとロン・フィールドのオーディションを受けるため、ニューヨークに飛びました。女性の主役候補になっていたのは、メアリー・ジョー・キャットレットという、文句なくすばらしい女優さんで、2人で本読みをすることになりました。不思議な雰囲気のオーディションでした。誰もいない無人の劇場にいるのは、たった4人。客席にメリックとフィールド。舞台にメアリー・ジョーとわたし。「舞台の2人で打ち合わせをして、準備ができたら言ってくれ」という指示でした。納得できる打ち合わせができるまで、20分ほどかかりましたが、その間、メリックとフィールドは、舞台で準備をしているわたしたちを観察していたのです。本読みは必要なく、わたしたちは2人とも『ダンサーズ』に必要だという結論はそこで出ていたのです。スリリングでしょう？　それ以外に言葉がありません。

目の前にBBCの『悪名高き女』と、デヴィッド・メリックの『ダンサーズ』という、2つのすばらしい仕事ができ、共に契約書のサインも済んだのです。すごい！　すばらしきかな、人生……。

と思ったのですが……。

契約書のサインが済んで間もなく、2つの企画のスケジュールが送られてきました。何ということでしょう。2つが真っ正面からバッティングしていたのです。歓喜の頂点から突然、2つに身を裂かれる状況に……　どんなに望んでも——心から望んでいても——どちらかの企画をあきらめねばならないように思えました。

何とかこの窮地を脱する方法はないかと、信頼するマネジャーのルース・アーロンズに状況を説明し、どうすべきかの意見を求めました。

彼女にとっては、頭を悩ます問題ではありませんでした。デヴィッド・メリックはデヴィッド・メリック。〝BBCだか何だか〟より、はるかに重要な存在だったのです。

彼女は分かっていなかった。どっちの企画を選ぶか、という問題ではなく、彼女が間に立って、何とか両方を成立させてほしかったのです。それに…。

「ルース、ピーター・ロジャーズのミニ・シリーズは、もうBBCとサインをしてしまったんだよ。どうしたらいいんだ？」

彼女の答えには愕然としました。「BBCに訴訟させればいいのよ」

ビジネス面にはヨワいわたしですが、このときは聞いただけで「それは違う」と思いました。

数日間、眠れずに悶々とした後で、これ以外にないと思えた行動に出ました。電話でピーター・ロジャーズとロン・フィールドに、このジレンマを打ち明けたのです。

何事にも正直であること。また良識ある人と付きあうことの大切さが身に沁みました。2人はどこまでも優しく冷静に理解を示してくれたのです。2人との電話が切れるまえに、ピーターはミニ・シリーズの撮影を終えねばならないギリギリの最終日を教えてくれ、ロン・フィールドはその撮影最終日から逆算して、『ダンサーズ』のリハーサルの開始日を調整してくれました。

実にあっさりと問題は解決。ドラマは幕を閉じました。

この話の落ちは、運のなせる業か、神の計らいか、デヴィッド・メリックの『ダンサーズ』の企画は結局、実現しませんでした。もしルースの感情に駆られた助言を聞いていたら、わたしは両方の仕事を失い、ＢＢＣに訴えられていたのです。

だからといって、わたしが正しくて、ルースが間違っていたというのではありません。その場の思いつきで拙速に行動することは面倒なトラブルを生むだけであり、正直に、また誠意を持ち、直感に従うことが幸せな結末に通じると言いたいのです。

この一件での〝幸せな結末〟は『悪名高き女』という楽しい仕事に参加できたことでした。何も驚くことではありませんが、ピーターは『悪名高き女』のために、信じがたいキャストを組んでいました。ジョルジュ・サンド役はローズマリー・ハリス。ジョルジュの反抗的な娘、ソランジュ役にジョージアナ・ヘイル。どちらかと言えば、まだ駆け出しだったジェレミー・アイアンズという俳優がフランツ・リスト役。キャスリーン・ネスビットがマダム・デュパン役。シニード・キューザックが女優マリー・ドーヴァル役。宝石を並べたようなキャストは限りなく、その一人に選ばれたことは本当に誇りに思えることでした。

ローズマリー・ハリスは２０１９年度のトニー賞で生涯功績賞を受けました。彼女の場合は、文字どおり〝生涯にわたる〟功績賞です。映画と舞台での驚異に値する実績。リンカーン・センターで彼女とエレイン・ストリッチが共演した、エドワード・アルビーの『デリケート・バランス』を見損なったことは、返す返すも無念なことです。共にパワフルで、しかもまったくタイプの異なる2人の女優がぶつかり合う舞台は、観客にとって忘れられないものだったでしょう。『悪名高き女』の7話のうちの4話を彼女と共演したので、胸を張って明言できますが、ローズマリー・ハリスはわたしが仕事を共にした中で、最も洞察力が鋭く、最も知的な女優さんの1人です。演技をしている彼女の動きは常に繊細で優雅。どんな場合にも、決して容易な道を選びません。それほど考え抜いた演技なのです。ローズマリーのように深みのある演技をすれば、容易な抜け道はありませんし、彼女はそれを、見た目には易しいことのように演じてのけるのです。それは真に偉大なアーティストのしるしですし、彼女は疑いなく真のアーティストなのです。

こうしてわたしは真に偉大なアーティストが演じるジョルジュ・サンドを相手に、ショパンを演じました。このアーティストに神の祝福を！　最初の出会いから最後まで、彼女はわたしにも、他のキャストにも、また、それぞれの俳優独特の役づくりプロセスにも、非の打ちどころのない敬意を払ってくれました。

ソランジュ役のジョージアナ・ヘイルにも感心しました。何人かの人が彼女の〝人柄〟についてコメントしましたが、確かに個性の強い女性で、それは大きなプラスの働きをするものでした。女性としても、女優としても、〝退屈〟という形容詞は決して彼女には当てはまりません。

撮影第1日目、ローズマリーとからむジョージアナのシーンは印象的でした。監督のワリス・

『悪名高き女』。ローズマリー・ハリスと。

フセインは、ローズマリーの出番シーンをすでに幾つも撮っていたので、多少、そこに慣れが生まれていたのかもしれません。何が起こっていたのかは、よくわかりませんが、監督は撮影初日にカメラの前に立ったジョージアナ自身と、彼女が現場にもたらした、フレッシュで活気に満ちたエネルギーと才能に魅せられたようでした。意識してではないと思いますが、それを新鮮で、少し魅惑的だと感じたのでしょう。いつの間にか撮影していたそのシーンは、ジョージアナが意図したことではありませんが、シナリオの方向性から外れて、ローズマリーではなく、ジョージアナ中心のものになりかかっていました。それに気づいたローズマリーは、演技をやめたり、ワリスやジョージアナに何ひとつ言ったりすることもなく、時々、言葉やわらかく意見をはさむだけで、実に巧みに、辛抱づよく、彼女の力だけで、そのシーンの焦点を正しい方向に修正したのです。騒ぎ立てることは一切しませんでした。ローズマリーは〝騒ぎ立てる〟という気質を持ちあわせない人なのです。

目の前でなめらかに展開するそのなりゆきは、見ているだけで驚異でした。わたしに言わせてもらえば、ローズマリー・ハリスと仕事をして、演技について何か貴重なことを学ばない役者は、注意力に欠けているのではないでしょうか。

完成した『悪名高き女』は、ローズマリーも含めて関係者全員が誇りに思える出来映えでした。アメリカではPBSで二度放映され、大好評でした。時々、勇気を奮い起こしたように街などで話しかけてくる人が、『ウエストサイド物語』の名を挙げずに、『悪名高き女』がとてもよかったと言ってくれるのですが、わたしにとっては、それもまたうれしい褒め言葉です。

ピーター・ロジャーズも人生の友となって、しばしば連絡しあい、ロンドンに行ったときは、何度か彼のアパートに泊めてもらいました。その客間のサイドテーブルの上には、彼の大切な友人で、彼の紹介でわたしも会ったことのあるヴィヴィアン・リーのゴージャスな写真が飾ってありました。今もその写真が懐かしく目に浮かびます。

ピーターは2006年に世を去りました。思慮深く、心が広く、誠実で、想像力豊かで、天賦の才を持っていたピーター。わたしは、幸運にも彼と親しくなった大勢の人たちのなかの1人です。わたしたちは皆、彼を失った寂しさを今も胸に抱いています。

第十四章　華麗な交友録

　ピーター・ロジャーズのことを文字にするにつけても、わたしのように引っ込み思案の人間が、ここロスはもちろん、世界中に、かくもすばらしい友人に恵まれた不思議を思わずにはいられません。もう皆さんにはおわかりと思いますが、わたしは積極的に交友を広げる性格ではありませんが、それでも人との付きあいを求め、われながら自分で自分を羨むくらい、大勢の友人と忙しく、楽しい交流をしてきました。その源は、ある意味でジュリエット・プラウズでした。

　ジュリエットは親しい友達ではなかったのですが、ダンスクラスで顔を合わせることが多く、マギー・バンクスという、共通の仲のいい友人を持っていました。マギーは『ウエストサイド物語』でジェリー・ロビンスのカメラ・アシスタントでもありました。

　マギーとジュリエットはＮＢＣで、それぞれ異なる番組に出ていたのですが、ある日、その現場にマギーを訪ね、なりゆきで、休憩時間にジュリエットを加え、3人で会うことになりました。当時、ジュリエットはフランク・シナトラと付きあっていて、フランクは彼女に仕事を辞めるように求め、彼女は当然ながら、それを拒否していました。彼女はとても意志の強い、自立心に富んだ女性だったのです。彼女がシナトラからプレゼントされたという、美しいダイヤのネックレスを見せてくれたことがありますが、まるで偽物であるかのように面白がって、まったくだらない物という扱い方をしていました。

エンゲルベルト・フンパーディンクのコンサートがグリーク劇場で催されたとき、ジュリエットは初日のチケットを2枚持っていて、都合で行けなくなったので、マギーとわたしに回してくれました。コンサートのあとに出会ったのが、その夜の集いをすべてアレンジしたわたしの掛かりつけの医師、ミルトン・アーリーとその夫人で、終演後、ビバリーヒルズの〝ビストロ〟で開かれるレセプションにぜひ出席を、と招かれたのです。

レセプションの会場に着いてわずか数分後、魅力的で優雅そのものの英国女性が、近々、夫に迎えるヴィンセント・ミネリと一緒にわたしのそばに来て「またお目にかかれてうれしいですわ」と、こぼれるような微笑と共に挨拶されたのです。

ひと目で魅了されたわたしは、「お目にかかった覚えはないのですが…」という言葉をのみ込みました。

最初に感謝すべきは、親切にもグリーク劇場のコンサート・チケットを回してくれたジュリエット・プラウズ。その次は〝ビストロ〟での、少々、記憶違いの挨拶。それがきっかけとなって、リー・アンダーソン・ミネリとの得がたい友情が結ばれることになったのです。以来、リーは、わたしが最高のパーティの招待を受け、Aリストの人たちに出会い、またマスコミには、わたしについて好意的なコメントを寄てくれる友人になりました。

リーとヴィンセントはビバリーヒルズのサンセット・ブールバードとクレッセント・ドライブの角のマンションに住んでいて、映画人のゴージャスな集いの場になっていました。わたしも数え切れないほどの夜をそこで過ごし、エヴァ・ガードナー、シド・チャリシー、フレッド・アステア、ヴィンセントの娘／リーの義理の娘であるライザ・ミネリ、その他、枚挙に暇のないほどのハリウッド・トップクラスの人々と時を共にしました。リーとヴィンセントのおかげで、そこでの集いには堅苦しさやてらいは微塵もなく、玄関を入ったとたん、誰もが心地よくガードを解き、〝自分自身〟になれました。

映画『キャバレー』のプレミアでは、名誉にもリーのエスコート役を務め、ライザの隣の席に座りました。フランク・シナトラ邸でのクリスマス・パーティでもリーをエスコートしました。

東京でのコンサート。1975 年。

わたしたちが到着すると、ちょうどジョージ・バーンズが車イスで帰るところでした。リビングにサウンドシステムがセットされていて、2本のスタンドアップ・マイクとピアニスト、バス・プレイヤー、ドラマーが目に入り、リビングに足を踏み入れると、すでにイーディ・ゴーメがマイクに歌いかけていました。その夜のお開きが近づくと、全員が立ちあがって合唱。信じがたいことに、わたしまで歌ったのですから、そこがいかに居心地のよい雰囲気だったかが、おわかりになるでしょう。ディナーでは、リーとわたしはフランクとバーバラ・シナトラとテーブルを共にしましたが、バーバラが彼に見せる献身度と気の遣いようには、心を打つものがありました。食事の途中、フランクはすっとわたしに顔を寄せ、「何か必要なことがあったら、いつでも言ってくれよ」と、小声でささやきました。ワオ。その申し出に甘えることはありませんでしたが、でも〝ワオ〟です。夜も佳境に入ると、わたしたちはピアノの周囲に集まり、みんなが知っているスタンダード・ナンバーを次から次へと歌いました。その夜が格別の思い出として今も記憶に残るのは、そこに音楽があったからです。パーティがお開きになったのは11時半近く。皆疲れてはいましたが、帰るのが惜しい楽しい一夜でした。それから数時間後の午前3時。クリスマスの朝です。シナトラの〝ラットパック〟の古きよき仲間で、フランク始め、その夜のパーティの出席者すべてが親しく、愛していたディーン・マーティンが世を去りました。

ジョニー・カーソンの2人目の妻であるジョアンヌ・カーソンとは、セレブのファッション・ショーで出会い、たちまち気が合って、彼女の集まりに招かれるようになりました。彼女のキラ星のような友人グループの集いです。住まいの一室は、彼女が信頼する良き友、トルーマン・カポーティが執筆用に使っており、1984年、彼はこの家で生涯を終えました。毎年、大晦日には年忘れパーティが開かれ、フィリス・ディラー、マイケル・ファインスタイン、ベティ・ホワイト、エスター・ウィリアムズ、その他。その長いゲストリストには目をむく名前が並んでいました。パーティの当日、リビングの天井は毎年、白いヘリウム風船で覆われ、風船には白紙のカードが付いた白いリボンが結ばれていました。何のためのカードか。エスターがジョアンヌに尋ねると、「亡くなった愛する人を想って、何か書いてもらうためよ」と。「たとえば、あなたなら、フェルナンド宛にね（エスターの亡き夫、フェルナンド・ラマスのこと）」

そう言われたエスターは「あの人は生前、わたしの言うことを何も聞かなかったのよ。今更、聞くわけがないでしょ？」と答えていました。

ジョアンヌはこの白い風船のように、年に何回も開くパーティに、いつも特別な趣向をこらす才能がありました。たとえば招いたわたしたちゲストにカボチャをくりぬかせる夜は、感謝祭を祝うためでした。

彼女はまた大の動物好きで、わたしが最初の保護犬、グレイハウンドのサミを飼い始めたときは、サミが新しい家に馴れる前から、いい獣医を紹介してくれたり、囲い柵を準備してくれたりました。めったにいない心優しく、頼りになる友人です。愛する友人のためには何事も厭わない。その1人に選ばれたわたしは幸せ者です。

このように大勢の温かく、気の合う友人たちに囲まれることの楽しさと歓び。その全員と親しく付きあうことは不可能でしたが、幸いにもフィリス・ディラーとはとても親しくなりました。大勢のなかでも彼女は特別な存在で、感心することばかり。頭がよく、もちろん面白くて、何よりも人間としてすばらしく、大好きでした。

ジョニー・カーソンの次の妻となるジョアンヌに会ったのは、『トゥナイト・ショー』の製作総指揮を執っていたフレッドとジャネット・デ・コルドヴァの家です。パーティの場でのジョニー・カーソンは興味深い存在でした。もちろんユーモアのセンスは抜群。30年の長きにわたってテレビ・ショーの司会を務めた、話術の達人です。わたしが『トゥナイト・ショー』のゲストに招かれたときは、ひっ込み思案のわたしをくつろがせ、巧みに話を引き出してくれました。ところがコルドヴァ家でのパーティのように社交の場で顔を合わせると、何とわたしよりも内気

ジョニー・カーソン宅のパーティでベティ・ホワイトと。1992 年。

ジョアンヌ・カーソン宅で。マイケル・ファインスタイン、ロディ・マクドウォール、ジョアンヌ、わたし、エステル・ゲティ。1994 年。

で、絶えず「早くこの場から逃げて、家に帰りたい」という様子を見せるのです。

　活気あふれるディナー・パーティでしたが、わたしにとってのハイライトはジャック・ベニー夫人のメアリー・リビングストンに会えたこと。ジャックとほぼ半世紀を共にした彼女を、その夜、家まで送りとどけるようにとジャネットに仰せつかったのは名誉以外の何ものでもありませんでした。ジャック・ベニーはわたしのアイドルでした。子供のころ、学校から帰ると彼のラジオ番組を聞き、姉のヴィオラとサンセット・ブールバードのCBSスタジオに、生放送を聞きに行ったこともあります。番組のスポンサーはタバコの〝ラッキー・ストライク〟でしたが、ショーが始まるまえの彼はシガーをくゆらせながら登場して、観客と話を交わすのです。その夜、彼の未亡人の運転手を務めたことは、わたしの人生にあれだけの笑いをくれたジャック・ベニーへの、ささやかな恩返しのように思えました。

　リー・ミネリに更なる感謝を捧げたいのは、ベストセラー作家、ハロルド・ロビンズの夫人、グレース・ロビンズとの交友です。リーとグレースは、共にビバリーヒルズの社交界の女王。世界中にセレブの友人を持っていて、グレースもリーと同じように、熱心にわたしをAクラス・パーティやらファッション誌、業界記事に紹介してくれました。一時期はパーティやディナーに引っ張りだこで、ウィメンズ・ウエア・デイリー紙で「fresh meat（新鮮なお肉）」と書かれたほどです。

グレースの広範囲の友人のなかには、サウジアラビアのビジネスマン、大富豪で武器商人でもあるアドナン・カショギとソラヤ夫人もいました。夫妻は地球上のいたるところにマンションとヨットを持っていて、そのすべてには夫妻が滞在していようと、いなかろうと、フルスタッフが常駐していました。夢にも尋ねようとは思いませんでしたが、夫妻の間には〝結婚契約〟があったようです。そう憶測したのは、ある夜、グレースがソラヤとわたし、そしてロン・エリー（俳優・作家）をディナーに招いたのですが、グレースはどうやらソラヤとロンの間に何か起こりそうだと考えたようです。でも実際はそうはならず、ソラヤは見た目にも、わたしのほうを気に入ったようでした。ソラヤとわたしは友人となり、美しく、洗練され、寛大な彼女は、ロンドンに来たときは、いつでも市内のおしゃれな家に滞在してと、制限なしの招待を申し出てくれました。

ジュールスとドリス・スタイン家でのディナー・パーティ。美しいポリー・バーゲンをエスコートしてのレイ・スターク家での集い。イングリッドとジェリー・オーバック夫妻の家で、マール・オベロンとロバート・ウォルダーズとディナーを共にしたこと。ジェリーはワインセラーを持っていて、テーブルに出された最初のワインを突っ返していました。

これらの招待を当然なことと受けとめたことは一度もなく、むしろ自分がそれに驚くこともしばしばでした。一度、招待を受けると必ずまた呼ばれたのは、わたしが聞き上手で、決して会話を独占することがなく、礼儀をわきまえていたからだと思います。そしてたぶん、〝相手がどのような有名人であれ〞、わたしが真心をこめて接していることが分かってもらえたからだと自負しています。

社交の場で、自ら感心するような付きあいを広めつつ、テレビのシリーズ物への出演は、他の俳優たちと同様、ますます頻繁になっていました。テレビシリーズのエピソードにゲスト出演すると、いろいろよいことがあります。

まず、もちろん出演料の小切手。

役柄もバラエティに富んでいます。たとえば『サンタバーバラ』では、南米の国家元首。『ワンダー・ウーマン』では女好きの資本家。『かかしとミセス・キング』ではイタリア人の霊能者。『ジャッキー・グリーソン・ショー』では万引き男。というように、次から次へ枚挙に暇がなく、退屈することはありません。

ほかでは絶対に会えないような人々と仕事をするチャンスもあります。主演のアンジェラ・ランズベリーの人気で、誰もがゲストに出たがった『ジェシカおばさんの事件簿』も、その一例です。アンジェラはすべてのゲストを温かく迎え、わたしなどは昔のMGM映画、『影なき狙撃者』を観て以来の大ファンだったのですが、その熱い想いを何とか抑えて仕事を終えました。その他、『長く熱い夜』、『ガス燈』などの名作の数々。ブロードウェイでは、ミュージカル部門で4回もトニー賞に輝いたことも忘れることはできません。彼女のような実力者と仕事ができるのですから、わたしはテレビシリーズのエピソード出演に、決して〝単なる〟という形容詞を付けないのです。

『メディカル・センター』では3エピソードに出演。それぞれオペラ歌手のマネジャー、外科医、ヒスパニック系の医師という3役を演じました。監督のヴィンセント・シャーマンはかつてジョーン・クロフォード、ハンフリー・ボガート、エロール・フリン、ベット・デイヴィスなどの大スターを演出していて、彼の思い出話はもちろん興味深く、そういう監督と仕事ができるのは大きな名誉でした。それもテレビシリーズのおかげです。『ダラス』では最初、1エピソードだけに出るはずでしたが、結局、11話に出演しました。ぜいたくなキャストを組んだ製作態勢も完ぺきなシリーズで、ゴージャスなバーバラ・キャレラとの共演は最高でした。彼女とわたしは、主人公のJ・R・ユーイングをおとしめようとする悪役です。彼女からは撮影の合間に、それまで共演したピーター・オトゥールやバート・ランカスター、ジェームズ・ボンド映画（『ネバーセイ・ネバーアゲン』）のショーン・コネリーの話など、いろいろ聞かせてもらいました。英国人の霊能者のおかげで、禁煙に成功したという話もありました。

バーバラのような美女が、実に気さくな女性だったことは驚きでした。

ロケ撮影で待望の土地に行けるのも、うれしいボーナスです。たとえば『ハワイ5—0』のエピソードに出るとなれば、ギャラ付きでホノルルまでファーストクラスで飛べるのです。いかがわしい地方検事という役柄でしたが、シナリオがとてもよく書かれていたうえに、主役のジャック・ロードが誇りを持ってシリーズのクオリティ維持に努め、撮影スタッフにプロ意識を徹底させていたのが印象的でした。

また、めったにないことですが、古い友人と再会できるという喜びもあります。『キャロル・バーネット・ショー』がそれです。友人のドルシラ・デイヴィスと映画『ウエストサイド物語』を初めて観にいった時以来、キャロルと会うのはそれが初めてでした。キャロルの番組でのもう1人のゲストは、数年後、再び仕事を共にした美しく、馴染み深い顔でした…。『パートリッジ・ファミリー』で、うれしくも光栄なことに、最終エピソードにゲストスターと

ジョアンヌ・カーソン宅で、すばらしいフィリス・ディラーと。1995 年。

シャーリー・ジョーンズと。2010 年。

して招かれ、シャーリー・パートリッジの高校時代のボーイフレンドを演じたのです。主役のシャーリー役は愛すべきシャーリー・ジョーンズで、最終回に登場する彼とよりを戻します。4シリーズも続いたこの人気番組は、わたしたちの〝さよなら〟のキスで幕を閉じました。

ルース・アーロンズは当然ですが、終始、撮影現場に張り付いていました。わたし、シャーリー、デヴィッド・キャシディ、ローリー・パートリッジ役のスーザン・デイと、自分のクライアントが4人そろって出演していたのですから。ルースはシャーリーを〝ミス・ワゴン・トレイン（幌馬車隊）〟と呼んでいました。よいことも、あまりよくないことも、いろいろ波乱のあった半生を、シャーリーが見事に切り抜けてきたからだと思います。撮影中のあるとき、ルースは何がきっかけかはわかりませんが、ふとわたしに身を寄せ、戸惑うことなく演技をしているシャーリーとデヴィッドを指して、「あなたはなぜ、あの2人のようにできないの？」と小声で言ったのです。悪くない質問です。2人はどこまでもリラックスして演技をしているのに、わたしは救い難い心配性なのです。

『パートリッジ・ファミリー』の最終エピソードを撮影してから数年後、わたしはエージェントのアイナ・バーンスタインと、わたしのキャリア方針を話し合うために、約束していた時間にルースの自宅を訪ねました。ところが彼女はシャーリー・ジョーンズの契約問題でパニック状態。シャーリーがルースと結んでいた契約が満期になったか、あるいは満期が迫っていて、シャーリーにそれを更新する意志がないという状況だったのです。

わたしは職業的にも個人的にも、シャーリー・ジョーンズが大好きでした。今も変わりません。アカデミー賞を舞台で手渡してくれたのが彼女でしたから、特別の想いがあるのかもしれません。かといって、アイナもわたしも1日の午後を費やして、ルースがシャーリーの契約問題を2時間もしゃべりまくる独演会に付きあう気はありませんでした。しかし、どんなに努力しても、わたしのキャリアの話をするという、その日の訪問の目的に話題を転換することはできませんでした。

ルースは臆面もなく、シャーリーの最初の夫、ジャック・キャシディに夢中でした。ジャックは言うまでもなく類のないほどハンサムで、そのうえ魅力的で、ユーモアのセンスも抜群でした。ルースとわたしは何度もジャックとシャーリーの家に招かれ、成長期にあった彼らの息子たちと一緒に、笑声のあふれる楽しい夕食のテーブルを囲みました。ジャックとシャーリーの二人は、ラスヴェガスでも何度か大きなショーを開きました。

「ジャックのスーツケースの1つは、ネクタイだけが入ってるのよ」と、ルースが冗談を言ったこともあります。ショーのオープニングにゲストで出演したジョーン・リバーズは、「こんなにお金のかかるショーを計画して、あなたたち、部屋で自炊してるんじゃないの?」と、ジョークを飛ばしました。ルースが自分も家族の一員と思ったことは容易に想像できます。ジャック、シャーリー、2人の息子のデヴィッドとショーン・キャシディ、一家全員が彼女のクライアントで、それのみならず、ビジネス・マネジャーから主治医まで(わたしの主治医ですが…)、全員が共有していたのです。それがルースのやり方でした。

シャーリーはジャックこそ、生涯最大のパートナーと思っていることを隠しませんでしたが、それでも2人は1974年に離婚しました。その2年後、ウエスト・ハリウッドのアパートの火災で、ジャックが焼死するという悲劇が起こりました。シャーリーはもちろん打ちのめされましたが、ルースの悲しみもそれに劣りませんでした。

シャーリーはやがて、俳優/コメディアンのマーティ・インゲルスと再婚しました。マーティは個性と自我が強く、闘争的で歯に衣を着せないという評判がありましたから、ルース・アーロンズがシャーリーに与えている影響を快く思うはずがありません。でもシャーリーは、「マーティはいつも私を笑わせてくれるの」と、彼に魅せられていました。つまり、どんな言葉を選んでも、ルースはマーティを嫌っていたわけで、シャーリーは夫と、マネジャーであるルースとの間で板挟みになるという、つらい立場に置かれてしまったのです。息子の1人の名付け親にしたほど、シャーリーはルースを信頼していたのに…　ルースがもう少し上手に対処して、マーティとよい関係を築いていれば、シャーリーをクライアントとしてキープできたでしょうが、ルースはどうしてもそれができず、シャーリーを失ってしまったのです。という状況で、その日、アイナとわたしは、わたしのキャリアの話はひと言も出ぬまま、ルースの家を辞したのでした。

1980年の6月、パリに滞在していたわたしのところに、わたしたちのグループの主治医、ミルトン・ユーリーから電話が入り、ルースが寝室のシャワールームで倒れているのを、ルースの忠実な黒人のヘルプ、ロイドが発見したという知らせを受けました。

事件性はまったくなく、状況から彼女が転んで、タイルの床で頭を打ったことは明らかでした。ロイドの即刻の連絡でユーリー医師が駆けつけ、あとから聞いたところでは、彼は911番に緊急電話を入れるまえに、ベッドサイド・テーブルから家の隅々を回り、数え切れないほどの薬ビンを空にしたそうです。

わたしよりルースに親しかったデヴィッド・キャシディなどに聞くと、わたしは知らなかったのですが、晩年のルースは薬品―特に〝セコナール〟―の常用者だったそうで、もしそれが事実なら、彼女が時々、あのように常軌を逸した行動を見せたことの説明がつくように思われます。

原因が何であったにせよ、事ここに至って、われわれは友人として知らぬ顔を決めたり、弁解したりはできません。彼女はわたしたちの全員を失って、世を去ったのです。

あの日、ユーリー医師がどうやってパリのわたしの居所を突きとめて、連絡をくれたのかはわかりません。ただ、ルースがビバリーヒルズの家を彼に残したことは事実で、わたしには何の関係もないこととはいえ、何かしっくりこないものを感じました。

当然ですが、今も、しばしばルースのことを考えます。わたしたち友人は皆、彼女は本来は有能で、幸せであるべき人だったと信じており、そうならなかったことが本当に残念です。彼女のことを思い出すと笑顔になる、と言いたいのですが、そうはなりません。いいえ、時々は…でも、いつもではないのです。

第十五章　ロンドン・東京

周囲の何人かが予測したように、ルース・アーロンズを失っても、わたしのキャリアは前に進んでいきました。〝ロンドンの舞台への復帰〟という形でです。ブラム・ストーカーの『ドラキュラ』は、タイトル役のドラキュラにフランク・ランジェラを迎えて、ブロードウェイでロングラン・ヒットを続けていました。彼は堂々と背が高く、パワーにあふれ、カリスマ性満点。そして観客を痺れさせる美声。血を思わせる赤い裏地の、黒のベルベットのマントをひるがえすと、もう〝主役〟を張るべく生まれてきたと思われるカッコいい俳優です。彼を取り巻くキャストも同様に実力者ぞろい。エドウィン・ゴーリーがデザインした舞台装置は、黒が主体で、ところどころに赤がアクセントを効かせているという、目を見張るもので、すべてが特別と言える舞台でした。

時を同じくして、オフ・ブロードウェイでは、クリストファー・ベルナウ主演の『ドラキュラの情熱』がやはりヒットをつづけていました。片方のドラキュラはブロードウェイで、片方はオフ・ブロードウェイですから、必ずしも対抗するものではありません。両方を観た人の声を聞くと、オフ・ブロードウェイ版のほうが芝居として優れているという意見が強いようでした。おなじみのドラキュラの物語を、ロマンチックなアプローチで再構築した、どこまでも暗いラブ・ストーリで、観客の反応から判断すると、オフ・ブロードウェイ版のほうが観客に受け入れられ、彼らをより楽しませていたようでした。

ですから、バックステージ・プロダクションのアラン・クルーアーとヘレン・モンタギューから、ロンドンのクィーンズ劇場にかかる『ドラキュラの情熱』のドラキュラ役をオファーされたとき、答えを出すのに要した時間は…たぶん30秒だったでしょう。再び、ロンドンの舞台に立てる… ファニー、ピーター、あのすてきな友達ジル・ベネット、そしてその他、数多くの懐かしい友人たちに会える… 演じる芝居は楽しそうだし、すでにヒットは約束されている… 答えは、高らかな〝イエス！〟です。

キャストでアメリカ人はわたしだけ。わたし以外の多くは、英国の映画と舞台でよく知られている英国俳優ぞろいです。ウェールズ出身の俳優でもある演出家のクリフォード・ウィリアムズは、わたしにリハーサルの段階からマントを着るようにと指示しました。正解でした。役に入りやすくなるアイデアでした……少しだけ……。

リハーサルが始まると、俳優の何人かは、英国の観客が親しみ、彼らが好む独特の演技スタイルを身につけていることが明らかになりました。彼らは観客を喜ばせるために、『ドラキュラの情熱』にも、その独特のスタイルを持ち込もうとしました。一般的には、それで問題はないのです。しかし場合によっては、必ずしも適切なアプローチではありません。

この芝居でのわたしの最初のせりふは、想像がつくでしょうが、「今晩は」という、ドラキュラのおなじみのひと言です。リハーサルを重ねるにつれ、舞台に登場して、この最初のせりふを口にするのが難しくなりました。舞台にいる俳優たちは自分たちが人気を得たスタイルに忠実に、ドラキュラを初めて見るとき、まったく無関心な反応を見せるのです。あたかも隣人がお茶を飲みに、ちょっと立ち寄った…というふうに。

わたし自身が、「自分はドラキュラだ」と思いこむのに苦労しているのです。舞台にいる俳優たちが、もちろん悪意があってのことではありませんが、わたしをドラキュラだと思ってくれなければ、ますます芝居がやりにくくなります。彼らが不安げな反応を見せてくれれば……「その場に、何か邪悪で危険なものが入ってきた。何かは定かでないけれど、本能的に恐怖を呼ぶ何かが…」という反応が欲しいのです。

よく聞く話ですが、イングリッド・バーグマン始め、ケーリー・グラントの相手役を務めた女優たちの多くは、彼に対する彼女たちの演技が、ケーリー・グラントをケーリー・グラントたらしめた、と言っています。わたしをケーリー・グラントと比べようなどという気は毛頭ありません。演技の場では、他の俳優たちの反応がいかに重要かということを言いたいのです。ケーリー・グラントは、演じたすべての役柄を彼ならではの魅力とカリスマで彩りましたが、それには共演者たちの反応が助けとなっていて、観客はそれで彼の持ち味が本物で、パワフルで、すばらしいと感じるのです。

しかしミスター・ウィリアムズはわたしにも、他の役者たちにも何も言わず、リハーサルは進行していき、わたしは「今晩は」というせりふを言うたびに、「やあ、ハーイ、ジョージ。そのマント、どうしたの？」という反応に迎えられるのを覚悟せねばなりませんでした。ついに決意を固め、ミスター・ウィリアムズと向き合って、この問題を話し合うことにしました。わたしの話を聞いた彼はよく理解してくれました。彼からその問題を聞いたキャストも同じように理解してくれて、わたしが登場したときの彼らの反応が変わりました。ほんの些細な変化のおかげで、自分がドラキュラであることを〝実感〟できるようになったのです。自分の考えを演出家にぶつけ、彼からも、他のキャストからも反発を受けなかったこの一件は、役者としてのわたしのキャリアのうえで大きな節目となりました。自分への自信が深まり、演技にも自信が持てるようになったのです。自分に自信がなくて、だれがわたしの演技を信じるでしょう？　そうじゃありません？　この役を演じた過程で、自分でも納得できる勇気ある選択肢を取り、従来の自分から抜け出して〝もっとチャレンジしよう〟という決意で、レースを走りつづけることができたのです。

『ドラキュラの情熱』の舞台装置はすばらしいものでした。多量のドライアイスが濃い霧をつくりだし、否が応でもドラマのムードを高めました。また幾つかの隠し扉が巧みに配置されていて、まばたきする間にドラキュラが魔術のように、そこから登場したり、消えたりするのです。衣裳、舞台効果、すべてが見事にデザインされていて、まったく違和感を感じさせませんでした。それらが正しくデザインされているからこそ、観客はスリル満点のジェットコースターに乗った気分を楽しんでくれたのです。

初日が開くと好意的な劇評が多く寄せられ、本当に幸せな気分でした！　以前、マギー・スミスが使っていた楽屋をもらえるという特権まで添えられました。

共演者のなかでもとりわけ、ドラキュラの邪悪な抱擁から哀れなミーナを救おうとするチームの2人—ヴァン・ヘルシング教授役のロイ・ドートリスと、ヘルガ・ヴァン・ザント博士役のジェラルディン・ジェームズは、すてきな仲間でした。ジェラルディンは舞台の上でも、舞台を下りても、いつもわたしを支えてくれました。彼女はその後、『王冠の宝石』、『ガンジー』、『ダウントン・アビー』などの優れた作品に出ています。

ブラバ！　ジェラルディン。そして、あらためて、ありがとう。

やがて、1人のドラキュラだけでは足りないというかのように、ロンドンのウエストエンドにもう一人のドラキュラがやってきました。ブロードウェイ／フランク・ランジェラ版の『ドラキュラ』で、ロンドンでの主役はテレンス・スタンプです。テレンスとの初対面は何年も前、彼が『ウエストサイド物語』に出ていた女の子とデートをしていたときです。その後、彼はビッグスターとなり、50本を超える映画に出演。『奴隷戦艦』では当然のことながら、オスカー候補にもなりました。『ドラキュラ』がかかるのは、わたしたちの劇場と道路を隔てただけのシャフツベリー劇場で、ただの競争相手と言うだけでなく、手強い競争相手になりそうでした。わたしたちとしては、双方のすべてが満足できる結果になることを祈るほかありません。テレンスが初日を迎える日のために、わたしはドラキュラをテーマにしたカードをデザインして、彼に送りました。『ドラキュラ』がヒットして、ロングランとなることを心から祈って。

しかし、なぜかはだれも答えを出せなかったのですが、テレンス・スタンプと、そのよくできた芝居は成功せず、2週間で公演は打ち切られました。

『ドラキュラの情熱』の公演中に起こった思い出のサプライズの1つは、チャールトン・ヘストンとリディア夫人が舞台を観にきてくれたことです。彼とは何年も前、『ダイアモンド・ヘッド』で共演して以来で、政治の面ではあまり波長が合わなかったのですが、それ以外ではとても楽しく、尊敬できる善い人で、好意を持っていました。スクリーンのうえでの彼の圧倒的な存在感は誰もが知るところですが、『ダイアモンド・ヘッド』のときも、わたしは同じ先入観を持っていました。ところが実際の彼は、チャールトン・ヘストン像に安易に寄りかかることはなく、演技と真剣に向き合う俳優だったのです。彼の場合はそうでなくても、だれも文句は言わなかったと思うのですが、毎日のラッシュ試写ではいつもノートを手に、自分の演技を見ながらメモを取っていました。また彼が半端でない競争心を持っているということも、面白い発見でした。彼の楽屋で、彼とわたしと、共演者のジェームズ・ダレンはよくポーカーゲームを闘わせたのですが、それはその場で明らかになったことでした。(ちなみに、ジミーとは、この映画が縁で知り合ったのですが、彼とイーヴィ夫人とは今も仲のいい友人です)。

『ドラキュラの情熱』は約1年間、ヒットをつづけ、関わった者は全員、すばらしい時を過ごしました。何にも優る、楽しい体験だったと言えます。

ロンドンでの滞在を続け、ナナ・ムスクーリとBBCの仕事などをしているとき、ニューヨークのエージェント、エリック・シェパードから、予想もしなかった電話がかってきました。オファーされたのは、東京の舞台で上演される『白蝶記』という芝居です。何ですって？　興味を持ったことは事実ですが、その一方、わたしはひと言の日本語もしゃべれないのです。舞台の上で、せりふのきっかけを、どうやってつかむのでしょう。発音だけ丸暗記して、感情をこめた芝居ができるでしょうか。

しかし『あしやからの飛行』で、東京の土を踏んだ瞬間から、日本という国、そして日本の人たちには魅せられていました。親切で、礼儀と敬意を重んじる彼らの価値観は、わたしが教えられ、育ったものと同じで、感性にぴったり添うものでした。ロンドンもそうでしたが、未知の国なのに、故郷に戻ったように思える場所だったのです。それからも何度か日本を訪れ、日本の幾つかの会社と仕事をし、歌とダンスのパフォーマンスをしましたが、そのたびに温かい歓迎を受けたことを、深い感動とともに思い出します。

『ドラキュラの情熱』の終演後、楽屋を訪れたリディアとチャールトン・ヘストン夫妻と。
1978 年。

幸いにも、日本の芝居に出るというオファーを受けるべきか、断るべきか、そのような問題にアドバイスをくれるよい友人がいました。著名な日本の映画評論家で、ジャーナリスト。国際的なジャーナリズムの世界でもよく名を知られた小森和子という方と、以前からとても親しくなっていたのです。繊細な美しい心を持った女性で、ジェームズ・ディーンと親しく、毎年、彼の墓参りに行くという方でした。ロスに来ると、いつもわたしの愛犬だったイタリアン・グレイハウンドのサミと一緒にホテルに招いてくれて、時を過ごしました。サミをとてもかわいがってくれたのです。

小森さんに芝居のオファーの話をして、アドバイスを求めると、すぐ詳細を調べてくれました。『白蝶記』は翻訳すると「白い蝶の日記」ということで、「蝶々夫人」の悲劇をもとにした芝居でした。東京でも最も格式ある宝塚劇場にかかり、配役陣は日本の著名なスターたち。演出は大藪郁子さんです。

小森さんから「イエス」の返事を薦められたので、そのように答え、それから後は最初から最後まで、歓びに満ちた経験でした。

『白蝶記』は機才に富み、とてもよく書かれた芝居で、わたしのキャラクターは日本語と英語の両方をしゃべるのですが、芝居の流れを損なわないように、せりふの量は極力、抑えられていま

愛犬、イタリアン・グレイハウンドのサミ。1990 年。

大切な友人、小森和子。
1985 年。

した。連日のリハーサルでは挑戦欲を掻きたてられ、せりふの意味を理解し、正確に発音するだけでなく、他の俳優たちがしゃべっているせりふの意味も理解できるよう、自分なりのメソッドを編みだしました。興味深いことに、リハーサルが始まった段階で、他の俳優たちのせりふを理解しようと、まだ懸命になっていたときでさえ、彼らが俳優としていかに優れているかを感じることができました。

主役女優は、日本の映画と舞台の両方で有名な佐久間良子さんでした。演出家の大藪さんが、佐久間さんのために考えた最初の登場シーンは、ほとんどバレエを思わせる、すばらしいものでした。伝統的な美しい着物に伝統的な黒い鬘《かつら》。オーケストラ・ピットで生のオーケストラが奏でる音楽に合わせて、花道からゆっくり、ドラマチックに、息をのませる体の動きとともに、このうえなく艶《あで》やかに登場するのです。思わずうっとりと見とれてしまう一瞬。それに比較できる登場シーンを、それ以前も、それ以後も、見たことがありません。

時々、観客席から、慎みを含んだ「佐久間」という声が何度か投げかけられました。これは日本の芝居の世界では大変な賛辞だそうです。舞台に出ていたとき、誰かが「チャキリス」と、抑制ある声をかけてくれた時は、胸が高鳴りました。

1985年には、三田佳子さんと共演した『蝶々さん』というテレビドラマにも出演しました。演出は彼女自身がスターといえる石井ふく子さんです。石井さんは94歳という高齢で、いまも制作／演出面で現役。昨年、『ウエストサイド物語』のイベントで日本に行った際、TBSスタジオをお訪ねしたら、またもや新しいプロジェクトの演出に取り組んでおられる最中でした。

このようにすばらしいアーティストたちと仕事ができたことは大きな名誉で、すべて石井さんと小森和子さんのおかげです。それから日本に行くたびに、まず最初に石井さんにご挨拶に行くことにしています。

東京での忘れられない思い出では、もう1つ、多くの劇場がみならうべきだと思う、胸を打つ伝統に出会いました。

毎日、出演する宝塚劇場に足を踏み入れると、誰もが劇場の中にある神棚の前で足をとめて頭を下げ、これから皆が分かち合う経験に敬意の祈りを捧げるのです。舞台に立つ者と客席の観客が、舞台のみが与え得る感動を心に刻み、両者が絆で結ばれるという、舞台芸術の精髄が達せられることを、各々が静かに、心の中で改めて噛みしめるためです。

もしかしたら、その神棚のまえで毎日、祈ったことが、わたしの芸歴で最も特筆すべき作品の1つとの出会いに導いてくれたのかもしれません。その作品とは、デヴィッド・ヘンリー・ホァンが書いた、偶然と言うには偶然すぎる『M・バタフライ』で、これを英国ツアーで演じることになったのです。

『M・バタフライ』はルネ・ガリマールという男の物語。北京駐在のフランス大使で、京劇のスター、ソン・リリンに恋をします。ソンはガリマールの愛人となり、22年間、彼との関係を続けますが、自分が中国共産党のスパイであること、そして実は〝男〟であることを隠し続けるのです。裏切りを知ったガリマールはショックの余り死を選び、それをソンが冷ややかに見守るというのが結末です。

ルネ・ガリマールの役はブロードウェイではジョン・リスゴーが、ブロードウェイのリバイバルではクライヴ・オーウェンが演じましたが、わたしは英国ツアーでその役を演じました。『M・バタフライ』は、やりがいのある役を求めている俳優なら、だれもがとびつく黄金の価値を持つ芝居で、しかもデヴィッド・ヘンリー・ホァンの台本は事実をもとにしているということが、この芝居に一層のパワーを与えました。彼が数日、劇場を訪れ、時間を共にしてくれたことも、わたしとわたしのパフォーマンスに、かけがえのないボーナスとなりました。

ちなみにプロデューサーは、その時期、ウエストエンドにかかっていたほとんどの芝居を手がけ、英国の演劇界で最も華々しい活躍をしていたビル・ケンライト。演出はリチャード・オリヴィエでした。

リチャード・オリヴィエを超える演出家を望むことはできなかったでしょう。物静かで、集中力があり、それでいてユーモアのセンスも抜群。サー・ローレンス・オリヴィエの息子でありながら、エゴを出すことがまったくなく、毎晩の舞台は彼のものではなく、いつもわたしたち俳優と観客のものという姿勢を崩しませんでした。彼はこの複雑な芝居を理解し、そのうえ俳優それぞれが、どういう分析をもとに役づくりをしたか、それを明晰に見抜いていました。舞台演出家のだれもがそうであるように、彼もリハーサルと本番舞台が終わると、キャスト全員に注意すべき点を指摘するのですが、彼は俳優が自己批判に陥らず、思い通りの方向に進む自由を与えました。俳優がそれによって、思いがけない発見をすることもありました。その上で彼は演技上、生かすべき点、あるいは捨てるべき点を、俳優と話し合うのです。リチャード・オリヴィエが俳優に与えるこの自由は俳優に自信を与え、それは彼との仕事を刺激的、かつ楽しいものにしました。

恵まれたことに、衣裳と舞台装置のデザイナーも大きなチャレンジに打ち勝ってくれました。オリジナル版の『M・バタフライ』の衣裳と舞台装置は、華麗な東洋調で観客の目を奪いましたが、われわれはツアーで移動せねばならないのですから、東洋調を維持しつつ、シンプルながら美しく、マルチレベルで使えるセットでなければなりません。発想の次元が異なるのです。正直、手の込んだセットや衣裳よりも、シンプルなもののほうが観客の注意を削《そ》がず、その分、観客は俳優の演技と芝居の内容に集中できるという点で、オリジナル版よりも、われわれの舞台のほうが、この芝居に即《そく》していたように思います。

キャストも実力を誇るプロ集団で、京劇のスター、ソン・リリンは、才能豊かな若い東洋系の俳優、ダレン・チャンが演じました。最後の幕で彼は全裸になるのですが、これは彼自身にも他の俳優にも、そして言うまでもなく観客にとっても興味深いチャレンジであり、ドラマが最高潮に達する瞬間です。リハーサルが始まった当初、ダレンは服を着たままでした。寒いリハーサル・ルームで毎日、裸にさせることはできません。しかし、やがてその日が来ます。ダレンだけでなく、われわれ全員が「見て。彼が裸になった！」と自分に言い聞かせる日です。皆、慣れるのに幾らか時間はかかりましたが、それは無意味なヌードではなく、物語のうえで決定的に必要なヌードです。われわれは皆、それを理解し、この芝居になくてはならない場面だと、熱く信じていたので、すぐに衝撃を吹っ切ることができました。“Show must go on.”「ショーは続けねばならない」のです。

それは皆で過ごした忘れられない時間でした。観客からも批評家筋からも、絶賛の言葉が寄せられました。少なくともわたしはそれ以前から、意識のなかで邪魔になるので、公演が終わるまで批評は読まないことにしていました。仕事中は演出家の意見を除き、それ以外の人がわたしの演技について言う言葉で、心を乱されたくないからです。絶賛されていることは、批評を読んだ他の俳優たちから耳にして、もちろん、うれしくはありましたが、驚きはありませんでした。それを体で感じていたからです。すばらしいキャストとクルー、デヴィッド・ヘンリー・ホァン、ビル・ケンライト、そしてリチャード・オリヴィエのおかげで、それはパワーに満ちた舞台であり、芝居の世界での特筆すべき出来事と言えるものでした。

あまりにも深く心を動かす体験だったので、ツアー後、家に戻ってから、バラエティ紙に自分の扮装写真と絶賛記事を配した全ページ広告を載せてしまいました。普段のわたしなら絶対にやらないことですが、あまりにも誇らしく、そうしないではいられなかったのです。

第十六章　踊ることへの情熱

それからも映画、テレビ、芝居と次々と舞い込む仕事……　しかし、「それが当たり前」と思ったことは一度もなく、感謝しかありませんでした。

今、ここで人生を振り返っても、思うのは自分がいかに幸運だったかということです。

まず、いつもわたしを愛し、わたしを大切に思い、決して孤独を感じさせない、すばらしい家族がいました。

また今も昔も、同じようにわたしを想ってくれる、すばらしい友人たちがいました。

そして熱い情熱を持って生まれたこと。その情熱がなければ、幾つかのドアは開くことなく、閉じられたままだったでしょう。踊ることへの情熱です。

すべてのダンサーに共通だと思いますが、踊ることは職業ではなく、自分そのものです。

19歳でアメリカン・スクール・オブ・ダンスに入門してから、ダンスクラスに出なかった日は一日たりともありません。それなくして、一日は完全なものにならないのです。クラスに出かけるときは冬でも夏でもオーバーに身を包みます。踊り始める前の準備運動で体を温める時間が惜しいので、家を出る時からクラスが終わるまで体を温かく保ち、最後はストレッチ運動でクラスを終えます。

ロンドン、パリ、ローマ、スペイン、東京。どこにいようと、〝休み〟という日はなく、必ずレッスンをします。

ロンドンでは、ある寒い雪の日、クラスからロッカールームに戻ると靴がなくなっていました。仕方なく、靴下だけで深い雪のなか、家まで歩いて戻りました。みなさんにお薦めすることではありませんが、クラスに出るのは、それほどの価値があるのです。

クラスで一緒になるダンサーたちと、言葉の上で理解し合えるかどうかは別として、クラスが始まり、踊り始めると、わたしたちは〝音楽〟と〝動き〟という共通言語を自由に操り、完全に理解し合うことができます。わたしたちを隔てている壁はすべて消え、スタジオの中は突然、同じ目標を目指す、同じ気持ちの集団と化すのです――昨日より進歩した自分になりたい。より強く、より柔軟な体になりたい。十分に美しいと思われている限界を、さらに超えた美しさを求めたい。〝あの線〟、〝あの型〟を表現したい。〝限界を超えれば〟目標に到達することが、より容易になるのです。

ダンサーたちは豊富なユーモア感覚を持っています。踊っている時は真剣そのものですが、それ以外のときは自分自身を笑いながら見ています。しかし、ひとたび踊り始めると自らを深く掘りさげ、全身の神経組織を外に晒《さら》さねばなりません。ということは飾らぬ人間になることであり、謙虚になることであり、人間として純粋に単体化するということです。アスリートと呼ばれる人たちもそうでしょうが、パフォーマンスのレベルは常により高くなりつづけ、新しく生まれる次世代のダンサーたちは、それを更に超える挑戦をせねばならないのです。

踊ることが情熱になると、人はそれにすべてを捧げねばなりません。わたしは喜んですべてを捧げました。その見返りとして得たのは、幼いころ、こっそり映画館にもぐりこみ、夢に見ていた映画という魔法の世界の一部になれたこと。とりわけ『ウエストサイド物語』という、世にも稀な魔法の世界の一部になれたことです。まさに「汲《く》んでも尽きない贈り物をもらった」という言葉どおりになったのです。

世界中での数えきれない試写会、インタビュー、特別イベントは今も続いています…　特別ゲストとして客席に座り、その土地での公演を鑑賞する…　その場が、どんなに遠い土地であろう

ハリウッド・ボウルで再会した『ウエストサイド物語』のキャスト。1994 年。

ロバート・ワイズの背後に立つウォルター・ミリッシュ、リタ・モレノ、ラス・タンブリン、わたし。

と、どんなに小さな街であろうと、演じているキャストは、誰もがわたしのファミリーのように思えるのです…。

2001年、10月6日、ニューヨークのラジオシティ・ミュージックホールで、『ウエストサイド物語』の公開40周年記念試写会が開かれました。主催者ターナー・クラシックムービー社のリクエストで、わたしは関係者全員のサインが入った美しいポスターを持って行きました。そして、ある人物を紹介し損ねていたことに気づきました。その方のサインを頂きに自宅を訪れたときに、わたしは初めてアーサー・ローレンツの舞台本をもとに、『ウエストサイド物語』のシナリオを書いたアーネスト・レーマンにお会いしたのです。そもそも、なぜアーサー・ローレンツがシナリオを書かなかったのかが不思議でしたし、また彼が、ミスター・レーマンがシナリオを書いたことをどう思っていたのかもわかりませんでした。とにかく、お会いしたミスター・レーマンは温かく、親しみのあるお人柄で、差しだしたポスターに快くサインをしてくださいました。お話では、パリで開かれた『ウエストサイド物語』記念イベントに行かれたときも、ロビーのカードに名前が載っておらず、自分で自分の名を書き足したそうです。当然のことだと思います。

50周年記念の催しは2011年11月5日。グローマンズ・チャイニーズ・シアターでの『ウエ

リタ・モレノ、ラス・タンブリンとグローマンズ・チャイニーズ・シアターに手形と足型を刻む。2011 年。

ストサイド物語』、ブルーレイ発売記念も兼ねたレッドカーペット・プレミア試写会でした。リタ、ラス、そしてわたしの3人は、歴史的なあの劇場前のセメントに足跡を残したのです。その昔、アメリカン・スクール・オブ・ダンスでのレッスンを終え、歩いて下宿に戻る途中、いつも通っていたあのグローマンズ・シアター… 人通りの途絶えた静かな夜… そこでいつも足を止め、その同じ場に立って、後に続く者のために文字通り〝足跡〟を残した、輝かしいスターたちに想いを馳せていた、あのころのわたし…。

偉業を成し遂げたジェローム・ロビンス、レナード・バーンスタイン、アーサー・ローレンツ、スティーブン・ソンドハイムへの感謝は尽きません。彼らがすべてを立ち上げ、また成し遂げたのです。彼らがそれを舞台へ、そして映画へ送りだし… それは何千のステージ、何千のスクリーンに広がり… それは今もつづいています。社会的な意味であろうと、政治的な意味であろうと、人間が心に持っている真実と感情に語りかけるこのドラマは、数えきれない多くの人々のハートと想像力に触れてきました。この四人に心からの感謝を。そのレガシーの一部となれたことは、わたしの誇りであり、天がわたしに与えてくれた、すばらしい贈り物です。

人はみな、たくさんの人生の物語を持っています。わたしのそういう物語の1つは、信じられないほど価値多いものであったのです。それも、わたしだけでなく、映画の製作過程に関わった人々、また世界中の観客が、あまねくその価値を分かち合ったのです。

1957年の初演以来、『ウエストサイド物語』が演じられていないときはなく、それはこれからも変わらないでしょう。2020年、ブロードウェイではすでに再演がスタートしていますし、スティーブン・スピルバーグの映画も公開されます。今まで、それほどの結果を出した芝居、または映画がほかにあるでしょうか?

答えは唯一、『ウエストサイド物語』だけだと思います。この作品を輝かしいものにしている要素は、かけがえのないものであり、何をもってしても匹敵は不可能です。それは観客に感動を与え、この先例のないレガシーを大切に守ろうとする、すべての人々に勇気を吹きこんでいます。

だからこそ、わたしは今も昔も「わたしのウエストサイド物語」を大切に思い、敬意を払い、決して報いきれない恩恵を受けた感謝を抱いているのです。

―完―

すばらしい人生をありがとう!

エピローグ

日本のわたしのファン、そして日本のお友達に、まず心からの感謝を捧げます。日本と日本の方々が、わたしのキャリアと人生にどのように大きな影響を与えたか、言葉では言い尽くせません。

忘れられない最初の訪日。それは1961年でした。映画『ウエストサイド物語』が日本で封切られて大ヒット。わたしは日本に飛んで、ユル・ブリンナー、リチャード・ウィドマークと『あしやからの飛行』という映画を撮ることになったのです。東京の羽田国際空港に着陸する飛行機の窓から、地上に大勢の人が集まっているのが見え、いったい何事だろうと思いました。タラップを下りて、その騒ぎの的《まと》がわたしだと知ったときの驚き。「こんなわたしに?」という思い。そのような体験は生まれて初めてで、警備員と警官が集まった人々を押しやり、わたしを記者会見場に急がせるあいだも息がつけませんでした。

それが美しい国の美しい方々との関係が始まる、忘れられない第一歩でした。到着した瞬間から、なぜかはわかりませんが、それまで訪れたこともないその国が、自分の故郷《ホーム》のように思えました。以来、幸いにも、映画、テレビ、ステージ出演などで何度も日本を訪れることになりました。そして今回、この回顧録を書きながらも、いろいろな記憶がよみがえり、日本文化のすばらしさが仕事面だけでなく、今日にいたるまでわたしを感動させ、刺激となってきたことを改めて思い返しています。

日本の友人たち、またパーフォマンスを仕事とする仲間たちが、わたしに見せてくれた限りなく深いご厚情は、すべての人が貴重なものを学べるものでした。

撮影が休みの日に、東京ローンテニス・クラブの会長のお招きで、ティーンエージャーだった2人の息子さんとテニスをしたこともありました…。

舞台版『ウエストサイド物語』がアメリカから招かれたチームで上演されたときは… バルコニーに座っていたわたしが観客に紹介されると、客席で立ち上がった人々の拍手が鳴りやまず、舞台の幕を開けるために、わたしが劇場から出て行かねばならないこともありました。あの夜、わたしに示された温かい気持ちは、何年もたった今でも忘れられません。

NHK制作のミニ・シリーズ、『日本の面影』では、たった1人の外国人として、著名な作家、ラフカディオ・ハーンを演じました。共演者は檀ふみさんで、日本語で彼女にプロポーズする場面の難しかったこと！ 発音をマスターするだけでなく、言っている言葉の意味を理解しながら、せりふを言わねばならないのです。1日のリハーサルを終えるとクタクタ。壇さんも同じだったでしょうが、何度も何度も同じシーンを繰り返さねばならなかったのに、彼女は優しく静かに、辛抱つよく付き合ってくれました。そのうえ彼女の自宅に招かれるという、わたしの理解するかぎり、めったにない名誉まで授かったのです。檀さんの職業意識、またわたしが関係したあらゆる日本人キャスト、クルー、監督、プロデューサー、ライターの方々の職業意識は並ぶものがなく、それ以後は朝目覚めたときに、どんなに疲れていようと、どんなに気分が悪かろうと、それを克服して仕事に向かうことは可能だということを教えてくれました。

何度訪れても、日本を去るときは悲しみに襲われると、何度か耳にしてきました。自分で経験するまで想像できなかったのですが、それは真実でした。生まれた国がどこであれ、日本を去るときは、だれもが故郷をあとにする気がするのです。

「わたしのウエストサイド物語」のなかで、わたしが書きつづり、お読みいただいた幾つかの思い出話が、日本と日本の方々、そこで得たわたしの大切な友人たちへの感謝を表すものとなれば幸いです。東京の地に初めて足をつけてから、はや数十年。ただの歓迎を越えて、わたしを温かく受け入れてくれた方々…　変わることのない敬意とご厚情を示してくださった皆さまに、いまそれを10倍にしてお返ししたいと思います。

再びお目にかかる日まで……
心よりの感謝をこめて。

ジョージ・チャキリス

訳者あとがき

1961年に封切られた『ウエストサイド物語』が、日本の映画ファン、また洋画をあまり観ない人々にまで与えた衝撃の大きさは、当時を知らない方々には想像もつかないだろう。それまでのひたすら楽しく、夢あふれたミュージカル映画とは真逆に、この映画は、縄張り争いを繰り広げるジーンズとTシャツの不良少年たちが、見たこともないパワーの踊りと歌で観る者をノックアウトしたのだ。

わけても観客の心をつかんだのは、「紫色のシャツ」でカッコよく決めていたシャーク団のリーダー、ジョージ・チャキリス。女のコは誰もがメロメロになった。もちろん私もその一人だった。その彼に50年の歳月を経た2010年に、会える日が来るとは…。

撮影時から半世紀。目のまえに立ったチャキリスは風貌も体形も、画面からそのまま抜け出たよう。あまりにも有名な、あのポスターのサイドキックまで、再現して見せてくれた！

芯から日本好きの彼は、それからも'12年、'19年と訪日は続き、遠くは旭川まで足を延ばして、いまだに大ホールを埋める観客を前に楽しい話を聞かせてくれた。「引っ込み思案」を自認する彼だが、トークショーでは雄弁そのもので、毎回、もっと聞きたい、と思うところで時間切れになってしまうのだった。

その聞き損ねた思い出話をすべて書きつづり、『ウエストサイド物語』の撮影現場での〝真実〟を明かしてくれるのが、この本だ。半世紀を経ても、まったく時の流れを感じさせず、完成時そのままの感動と驚きを与えてくれる映画史上の名作『ウエストサイド物語』。この本は、あの名作に加えて、チャキリスが映画を愛するすべての人に贈ってくれる、すばらしいプレゼントだ。

戸田奈津子

訳者

戸田奈津子

Natsuko Toda

1936年東京生まれ。映画字幕翻訳者、通訳。津田塾大学卒業後、生命保険会社に就職するも1年ほどで退社。翻訳や通訳などのアルバイト生活を続けながら映画字幕翻訳者を目指した。『地獄の黙示録』(1979年)で、フランシス・フォード・コッポラ監督がフィリピンロケの中継地点として日本に滞在した際にガイド兼通訳を任される。これを契機に字幕翻訳者としてデビュー。以後、数々の映画字幕を担当し、ハリウッドスターとの親交も厚い。著書に『KEEP ON DREAMING』(双葉社)がある。

著者

ジョージ・チャキリス

George Chakiris

1932年オハイオ州ノーウッド生まれ、ギリシャ系の両親と姉3人、兄1人、弟、妹という大家族に恵まれ、カリフォルニア州ロングビーチで育つ。ダンサーとしてミュージカル映画などで小さな役をつかみ、1958年に活動拠点をニューヨークに移す。舞台版『ウエストサイド物語』ロンドン公演にリフ役で出演。同作品の映画版で、ベルナルドを演じ、その演技とダンスで鮮烈な印象を与え、アカデミー賞とゴールデングローブ賞で助演男優賞を受賞した。1960年代はヨーロッパ映画界にも進出。2011年、ハリウッドのチャイニーズ・シアター広場において、『ウエストサイド物語』共演者のリタ・モレノ、ラス・タンブリンと共に手形と足形を刻むセレモニーを行う。日本での公演のほか、プライベートでも頻繁に来日する親日家でもある。

FILM, THEATER, AND TELEVISION CREDITS AND AWORDS AND APPEARANCES

1947—Song of Love (Film)
1951—The Great Caruso (Film)
1952—Stars and Stripes Forever (Film)
1953—Gentlemen Prefer Blondes (Film)
1953—Give a Girl a Break (Film)
1953—Second Chance (Film)
1953—The President's Lady (Film)
1953—The 5,000 Fingers of Dr. T. (Film)
1954—Brigadoon (Film)
1954—The Country Girl (Film)
1954—There's No Business Like Show Business (Film)
1954—White Christmas (Film)
1955—The Girl Rush (Film)
1956—Meat Me in Las Vegas (Film)
1957—Under Fire (Film)
1958—West Side Story (Theater) Her Majesty's Theater London
1961—West Side Story (Film)
1962—Academy Award, Best Actor in a Supporting Role
1962—Diamond Head (Film)
1962—Golden Globe Award, Best Actor in a Supporting Role
1962—Two and Two Make Six (Film)
1963—Kings of the Sun (Film)
1963—The Ed Sullivan Show (TV Series)
1964—633 Squadron (Film)
1964—Bebo's Girl (Film)
1964—Flight from Ashiya (Film)
1964-1967—Capitol Record Recordings (4 albums)
1965—McGuire, Go Home! (Film)
1966—Is Paris Burning? (Film)
1966—The Theft of the Mona Lisa (Film)
1967—Kismet (TV Movie)
1967—Personal Appearance, Caesar's Palace, Las Vegas

1967—The Andy Williams Show (TV Series)
1967—The Young Girls of Rochefort (Film)
1968—One Life to Live (TV Series)
1968—The Carol Burnet Show (TV Series)
1968—The Day the Hot Line Got Hotter (Film)
1969—Personal Appearance (Riviera Hotel, Las Vegas)
1969—Personal Appearance (Mexico & Australia)
1969—Sharon in Red (Film, Spain)
1969—The Big Cube (Film)
1969—The Corn is Green (Theater) (Ivanhoe Theater, Chicago)
1969—The Jackie Gleason Show (TV Series)
1970—Personal Appearance (Harrah's Hotel, Reno)
1970-1975—Medical Center (TV Series)
1971—Company (Theater) (National Tour)
1972—Hawaii Five-O (TV Series)
1973—Police Surgeon (TV Series)
1974—Guys and Dolls (Theater) (Milwaukee)
1974—Notorious Woman (TV Mini-Series)
1974—The Partridge Family (TV Series)
1974—Thriller (TV Series)
1975—Nana Mouskouri French TV Special
1975—Personal Appearance Show (Salle Pleyel, Paris)
1975—Personal Appearance Show (Sporting Club, Monte Carlo)
1975—Ten from the Twenties (British ITV Series)
1976—George Chakiris French TV Special "Numero Un"
1978—Dracula (Theater) (Queen's Theater, London)
1978—Why Not Stay for Breakfast? (Film)
1978—Wonder Woman (TV Series)
1978-1982—Fantasy Island (TV Series)
1979—Elizabeth the Queen (Theater) (Buffalo Arena Theater, New York)
1979—Hakucho Ki "White Butterfly Diary" (Theater) (Takarazuka Theater, Tokyo)
1979—The Fantasticks (Theater) (Dallas)
1980—Camelot (Theater) (Little Theater on the Square, Illinois)
1981—Hakucho Ki "White Butterfly Diary" (Film for Japanese Television)

1981—My Fair Lady (Theater) (Little Theater on the Square, Illinois)
1982—I Do, I Do (Theater) (Dallas)
1982—CHiPs (TV Series)
1983-1984—Matt Houston (TV Series)
1984—Nihon No Omokage "Glimpses of Unfamiliar Japan" (NHK Japanese TV Mini-Series)
1984—Personal Appearance Tour, Japan
1984—Poor Little Rich Girls (British ITV Series)
1984—Scarecrow and Mrs. King (TV Series)
1984—Hell Town (TV Series)
1985-1986—Dallas (TV Series)
1986—Personal Appearance Tour, Japan
1988—Santa Barbara (TV Series)
1988—Murder, She Wrote (TV Series) Eric Bowman (Guest Star)
1989—Stop the World I Want to Get Off (Theater) (Burt Reynolds Theater, Florida)
1989—The Music Man (Theater)
1989-1890—Superboy (TV Series)
1990—Pale Blood (Film)
1992—Human Target (TV Series)
1992—M. Butterfly (Theatre) (English National Tour)
1994—Jane Eyre (Theatre) (English National Tour)
1995—Les Filles du Lido (French TV Mini-series)
1996—Last of the Summer Wine (British TV Series)
2015—In Your Arms (Theater) (Old Globe Theater, San Diego)
2020—Not To Forget (Post-production) (Film)

わたしのウエストサイド物語《ものがたり》

2021年12月12日　第1刷発行

著　　者　ジョージ・チャキリス
翻　　者　戸田奈津子《とだなつこ》
発 行 者　庄盛克也
発 行 所　株式会社双葉社
〒162-8540 東京都新宿区東五軒町3番28号
電話 03-5261-4818(営業)　03-5261-4826(編集)
http://www.futabasha.co.jp/ (双葉社の書籍・コミック・ムックが買えます)
印 刷 所　中央精版印刷株式会社
製 本 所　中央精版印刷株式会社

装　丁　妹尾善史
本文デザイン　藤原薫(landfish)
協　力　長谷川善人(株式会社ヒルストン・エンタープライズ)
編　集　更科 登(双葉社)

ISBN　978-4-575-31681-0　C0095